W0068052

Mein erstes Vorlesebuch

Flieg mit ins Land der Träume

Mit Bildern von Eva Möhle

KOSMOS

Inhalt

Erwin Moser

Der Traumvogel

Eines Nachmittags, so gegen siebzehn Uhr, als Vinzent, der Mäuserich, gerade zu seinem Haus zurückkehrte, sah er ihn das erste Mal – den sagenhaften Traumvogel!

So viel hatte Vinzent schon über ihn gehört, aber dass er so riesengroß und schön war, hätte er nicht für möglich gehalten. Sein Gefieder schimmerte in violetten Farbtönen, seine eleganten Schwingen streiften langsam auf und ab und machten ein Geräusch, wie wenn man über Samt streicht.

Erhaben schwebte er heran, über das Haus von Vinzent hinweg, und war einige Sekunden darauf in der grünlichen Dämmerung verschwunden. Der Mäuserich Vinzent hatte auch ganz deutlich das Bett auf dem Rücken des Traumvogels gesehen! Das Bett, in dem der Vogel jeden Abend ausgewählte Traumreisende in das wunderschönste aller Traumreiche brachte! Zwei Katzen waren diesmal ausgesucht worden; auch das hatte der Mäuserich genau gesehen.

Wie verzaubert ging Vinzent zu seinem Haus. Eines Tages wird er auch bei mir landen und mich mitnehmen, dachte Vinzent. Ach, ich wünsche es mir so sehr! Der Traumvogel hat mich gewiss gesehen. Er wird sich an mich erinnern. Vielleicht kommt er morgen schon oder vielleicht sogar noch heute Nacht! Ich werde eine Kerze ins Fenster stellen, damit er mein Haus leichter wieder findet ...

Eva Maria Kohl

Warum die Nacht schwarz ist

Es war einmal ein kleines Mädchen, das lag in seinem Bett und konnte nicht einschlafen. Es sah zum Fenster, ob nicht noch ein wenig von der Sonne oder vom Himmel zu sehen war. Aber hinter dem Fenster war es dunkel.

„Die Nacht ist so schwarz“, sagte das Mädchen, „ich fürchte mich.“

Das hörte eine Wolke, die gerade vorüberflog. Sie flog ins Zimmer und setzte sich zu dem Mädchen auf die Bettdecke.

„Wer bist du denn?“, fragte das Mädchen erstaunt und hörte auf zu weinen.

„Ich bin die Wolke Isolde und habe dich weinen hören. Da dachte ich mir, ich schaue mal vorbei.“

„Ich fürchte mich so vor der schwarzen Nacht“, sagte das Mädchen und fing wieder zu weinen an.

„Da musst du dich nicht fürchten. Ich werde dir die Geschichte von der dunklen Nacht erzählen“, sagte die Wolke.

„O ja! Erzähl!“, bat das Mädchen.

„Vor vielen, vielen Jahren, als das Jahr noch keine Jahreszeiten und der Tag noch keine Stunden hatte, besaß Frau Erde fünf Kleider. Das erste Kleid war hellgrün wie eine Wiese am frühen Morgen. Das zweite Kleid war sonnengelb wie ein Kornfeld am Mittag. Das dritte Kleid war rot wie die Wange eines Apfels am Nachmittag. Das vierte Kleid war veilchenblau wie der Abendhimmel. Das fünfte Kleid aber war schwarz wie die Nacht. Diese Kleider trug Frau Erde abwechselnd.

Mond und Sonne, Sterne und Wolken sahen sie darin und freuten sich, wie schön und jung Frau Erde in ihren Kleidern aussah. Sie gaben den Kleidern Namen. ‚Jetzt kommt das Morgenkleid!‘, sagten sie, wenn Frau Erde das hellgrüne Kleid trug. ‚Jetzt kommt das Mittagskleid!‘, riefen sie, wenn sie das sonnengelbe Kleid trug. Zu dem apfelroten Kleid sagten sie Nachmittagskleid und zu dem veilchenblauen Abendkleid. ‚Was für wunderschöne Farben!‘, sagten sie, ‚sie leuchten und leuchten, man möchte sie immerzu ansehen!‘ Kam aber Frau Erde in dem nachtschwarzen Kleid, drehten sie sich weg. ‚Es ist dunkel und ganz ohne Farben. Wirf es weg!‘, rieten sie Frau Erde. So kam es, dass Frau Erde nur vier Kleider trug. Sie trug sie eine lange, lange Zeit.

Einmal aber kam der Wind zu Frau Erde und sagte: ‚Liebe Erde! Eure Kleider sind schön und gefallen meinen Augen sehr. Aber verzeiht, weil ich Euch immer ansehen muss, brennen meine Augen und schmerzen. Habt Ihr nicht ein Kleid, an dem meine Augen sich ausruhen können?‘

Ein andermal kamen zwei Wolken und baten: ‚Liebe Erde! Ihr seid so schön, und die Farben Eurer Kleider leuchten und glänzen. Aber verzeiht, Ihr leuchtet und glänzt immerzu, uns tränen die Augen vom vielen Schauen. Habt Ihr nicht ein Kleid, an dem sich unsere Augen ausruhen können?‘

Da erinnerte sich Frau Erde an ihr fünftes Kleid, das nachtschwarz war, und holte es wieder hervor. So kam die Nacht."

„Musst du jetzt fortfliegen?“, fragte das kleine Mädchen.

„Ja“, sagte die Wolke. „Auf Wiedersehen!“

„Bleib bei mir“, bat das kleine Mädchen, „und erzähl noch eine Geschichte.“

„Das geht leider nicht“, antwortete die Wolke, „aber meine Freundin, die Bettdecke, bleibt bei dir, sie weiß noch viele Geschichten. Wenn du unter sie kriechst und ganz leise bist, wirst du sie hören.“

Das kleine Mädchen rutschte unter die Bettdecke, legte sein Ohr dicht daran und es hörte noch viele Geschichten.

Warum wird es abends dunkel?

Abends geht die Sonne unter. Wo geht sie denn bloß hin? Es wird auf einmal ganz dunkel, so als hätte jemand das Licht ausgeknipst. Wenn keine Wolken am Himmel sind, kannst du die Sterne leuchten sehen.

Die Sonne ist aber nicht wirklich verschwunden. Sie ist nur auf die andere Seite des Erdballs gewandert. Die Erde dreht sich nämlich wie ein Karussell um sich selbst. Dafür braucht sie einen ganzen Tag, und so fahren wir Menschen ganz langsam an der Sonne vorbei, bis sie für uns nicht mehr zu sehen ist. Dann wird es bei uns dunkle Nacht und auf der anderen Seite der Erde heller Tag.

James Thurber

Ein Mond für Leonore

In einem Königreich am Meeresufer lebte einmal eine kleine Königstochter, die hieß Leonore. Sie war fast schon elf Jahre alt, und eines Tages hatte sie zu viele Erdbeertörtchen gegessen und Bauchweh bekommen und musste im Bett liegen bleiben.

Der Hofarzt kam zu ihr, ließ sich die Zunge zeigen, steckte ihr das Fieberthermometer unter die Achsel und fühlte ihren Puls. Dann machte er ein sorgenvolles Gesicht und ließ ihren Vater, den König, rufen.

„Die Königstochter ist krank“, verkündete er.

„Hast du einen Wunsch?“, fragte der König besorgt. „Du sollst alles haben, was dein Herz begehrt.“

„Ich wünsche mir den Mond“, antwortete die Königstochter, „wenn ich den Mond bekomme, werde ich wieder gesund.“

Da der König lauter kluge Männer um sich hatte, die auch ihm alles beschafften, was sein Herz begehrte, versprach er seiner Tochter den Mond. Dann ging er in den Thronsaal und läutete nach dem Lordkanzler.

Der Lordkanzler war ein großer dicker Mann, der eine Brille mit großen dicken Gläsern trug, wodurch er doppelt so gescheit aussah, als er wirklich war.

„Ich möchte, dass du mir den Mond besorgst“, sagte der König, „die Königstochter wünscht sich den Mond, und wenn sie ihn bekommt, wird sie wieder gesund. Heute Nacht, spätestens aber morgen früh, hat er hier zu sein!“

Der Lordkanzler wischte sich mit einem Taschentuch den Schweiß von der Stirn und schnaubte laut durch die Nase. „Ich habe in meinem Leben schon eine ganze Menge Dinge möglich gemacht, aber den Mond besorgen, das kommt überhaupt nicht in Frage. Er ist 35 000 Meilen entfernt, und er ist größer als das Zimmer der Königstochter. Außerdem besteht er aus geschmolzenem Kupfer. Den Mond kann ich nicht besorgen.“

Da wurde der König zornig. Er scheuchte den Lordkanzler davon und bat den Zauberer zu sich in den Thronsaal. Der Zauberer war ein kleiner dürrer Mann mit einem hageren Gesicht. Er hatte einen roten Tütenhut mit silbernen Sternen auf dem Kopf und trug einen langen blauen Mantel mit goldenen Eulen. Sein Gesicht wurde bleich wie ein Leintuch, als der König ihm befahl, den Mond für Leonore vom Himmel zu holen.

„Ich habe in meinem Leben schon viele atemberaubende Kunststücke fertig gebracht“, sagte der Zauberer, „aber den Mond kann niemand haben. Er ist 150 000 Meilen entfernt, aus grünem Käse und doppelt so groß wie das Schloss.“

Der König schnaubte abermals vor Zorn und ließ den Obermathematiker kommen. Er war kurzsichtig, hatte eine Glatze, ein Käppchen auf dem Hinterkopf und einen Bleistift hinter dem Ohr. Er trug einen langen schwarzen Mantel, der mit lauter weißen Zahlen bestickt war.

„Du sollst“, befahl der König, „auf der Stelle den Mond herbeischaffen, damit meine Tochter endlich wieder gesund werden kann.“

„Ich fühle mich sehr geehrt, aber der Mond ist 300 000 Meilen von hier entfernt“, sagte der Obermathematiker, „er ist rund und flach wie eine Münze, besteht aber im Gegensatz zu Münzen aus Asbest und ist halb so groß wie dieses Königreich. Außerdem ist er am Himmel festgeklebt, und deshalb kann man ihn auch nicht herunterholen.“

Der König raste vor Zorn und warf den Obermathematiker hinaus. Dann rief er nach dem Hofnarren, um sich von ihm aufmuntern zu lassen.

Der Hofnarr eilte in seinem buntscheckigen Gewand herbei, dass die Glöckchen nur so klingelten, die an seiner Kapuze angenäht waren, und ließ sich zu Füßen des Throns nieder. „Was kann ich für Euch tun?“, fragte er den König.

„Mir kann niemand helfen“, sagte der König niedergeschlagen, „meine kleine Tochter wünscht sich den Mond, und wenn sie ihn nicht bekommt, dann wird sie nicht wieder gesund. Aber niemand kann mir den Mond vom Himmel holen. Wenn ich jemanden darum bitte, so wird der Mond immer größer und entfernt sich immer weiter von hier. Niemand kann mir helfen. Spiel mir etwas auf deiner Laute, aber etwas recht Trauriges.“

„Wie groß soll der Mond denn sein und wie weit entfernt?“, fragte der Hofnarr.

„Der Lordkanzler sagte, er sei 35 000 Meilen weit weg und größer als das Zimmer der Königstochter“, antwortete der König,

„der Zauberer hingegen meint, er sei 150 000 Meilen entfernt und doppelt so groß wie das Schloss. Und der Obermathematiker behauptet, er sei 300 000 Meilen entfernt und halb so groß wie das Königreich."

„Das sind alles sehr kluge Männer, also muss es stimmen, was sie sagen", entgegnete der Hofnarr, „und wenn sie Recht haben, dann ist der Mond gerade so groß und so weit entfernt, wie es sich jeder Einzelne vorstellt. Weiß man denn aber, für wie groß die Königstochter den Mond hält? Denn das allein wäre doch wichtig."

„Daran hab ich noch gar nicht gedacht", sagte der König.

„Ich werde zu ihr gehen und sie danach fragen", sagte der Hofnarr und schlich sich auf Zehenspitzen in das Zimmer des kleinen Mädchens.

Leonore war aber noch wach und freute sich über den Besuch des Hofnarren. Sie sah blass aus, und ihre Stimme klang schwach und matt. „Hast du mir den Mond mitgebracht?“, fragte sie.

„Noch nicht“, antwortete der Hofnarr, „ich bin gerade damit beschäftigt, ihn für dich zu besorgen. Was meinst du wohl, wie groß er ist?“

„Er ist kleiner als mein Daumennagel, denn wenn ich den gegen den Himmel halte, verdeckt er den Mond.“

„Und wie weit ist er von hier entfernt?“, wollte der Hofnarr noch wissen.

„Er ist nicht ganz so hoch wie der Baum vor meinem Fenster, denn in manchen Nächten bleibt er an den Zweigen hängen“, antwortete Leonore.

„Dann ist es ganz einfach, den Mond zu fangen“, sagte der Hofnarr. „Ich klettere auf den Baum, wenn der Mond in den Zweigen steckt, und hole ihn für dich herunter. Und woraus ist der Mond gemacht?“

„Aus Gold natürlich, du Dummkopf“, antwortete Leonore.

Da lief der Hofnarr sofort zum Goldschmied. Er bat ihn, ein kleines rundes Goldplättchen anzufertigen, um eine Winzigkeit kleiner als der Daumennagel der Königstochter. Und daraus sollte er einen Anhänger machen, den Leonore an einer Kette um den Hals tragen konnte.

Als der Goldschmied mit der Arbeit fertig war, fragte er: „Und was soll das Ganze bedeuten?“

„Du hast den Mond gemacht“, entgegnete der Hofnarr.

„Aber der Mond ist 500 000 Meilen entfernt und besteht aus Bronze, und er ist kugelrund wie eine Murmel“, rief der Goldschmied.

„Das meinst du“, sagte der Hofnarr und ging mit seinem kleinen goldenen Mond davon. Er brachte ihn der Königstochter und sie war überglücklich darüber. Am nächsten Tag war sie wieder gesund und konnte im Hofgarten spielen.

Die Sorgen des Königs waren damit aber noch nicht vorüber. Er wusste, dass der Mond in der Nacht wieder am Himmel stehen würde, und er wollte nicht, dass seine Tochter ihn dort entdeckte, denn dann würde sie dahinter kommen, dass es nicht der richtige Mond wäre, den sie am Kettchen trug.

Der König fragte all seine Ratgeber, was er machen sollte, aber keinem fiel etwas Gescheites ein. „Mir kann keiner mehr helfen!“, klagte der König. „Und jetzt geht der Mond auch noch auf!“

Der Hofnarr schlug eine heitere Melodie an. „Eure gelehrten Männer sind allwissend“, sagte er, „und wenn sie den Mond nicht verstecken können, dann kann man ihn auch nicht verstecken.“

Der König seufzte tief. Da unterbrach der Hofnarr sein Spiel und rief: „Wer konnte sagen, wie man den Mond holt, als Eure klugen Männer erklärten, er sei zu groß und viel zu weit entfernt? Das war die Königstochter. Also ist die Königstochter klüger als die gelehrtesten Männer und weiß mehr vom Mond als sie alle zusammen. Also werde ich sie fragen!“

Bevor der König ihn aufhalten konnte, war der Hofnarr aus dem Thronsaal gesprungen und lief zum Zimmer der Königstochter hinauf.

Leonore lag hellwach im Bett und schaute zum Fenster hinaus zum Mond, der am Himmel stand und leuchtete, und in ihrer Hand glänzte ihr eigener kleiner Mond. Der Narr schien Tränen in den Augen zu haben. „Königstochter, sag mir nur, wie kann der Mond noch am Himmel stehen, wenn er doch jetzt an deiner Kette hängt?“, fragte er verwirrt.

Leonore blickte ihn lächelnd an. „Das ist doch ganz einfach, du Dummkopf. Wenn ich einen Zahn verliere, wächst doch ein neuer nach, oder nicht?“

„Natürlich!“, sagte der Hofnarr und lachte. „Und wenn ein Einhorn sein Horn im Walde verliert, wächst ihm auf der Stirn ein neues.“

„Siehst du“, sagte die Königstochter, „und wenn der Gärtner im Hofgarten die Blumen schneidet, wachsen andere nach.“

„Dass ich darauf nicht von allein gekommen bin!“, rief der Hofnarr. „Schließlich ist es mit dem Tageslicht dasselbe.“

„Ja, und genauso ist es mit dem Mond“, erklärte Leonore, „und ich glaube, dass es mit allem so ist.“ Ihre Stimme wurde immer leiser und der Hofnarr merkte, dass sie eingeschlafen war. Behutsam deckte er sie zu.

Bevor er jedoch den Raum verließ, ging er zum Fenster und zwinkerte dem Mond zu, denn es kam ihm so vor, als hätte auch der Mond ihm zugezwinkert.

Volkslied / Melodie: Johannes Brahms

Guten Abend, gut Nacht

2. Guten Abend, gut Nacht,
von Englein bewacht,
die zeigen im Traum
dir Christkindleins Baum.
Schlaf nun selig und süß,
schau im Traum 's Paradies,
schlaf nun selig und süß,
schau im Traum 's Paradies.

Brüder Grimm

Dornröschen

Vor Zeiten lebten ein König und eine Königin, die sprachen jeden Tag: „Ach, wenn wir doch ein Kind hätten!“ – und bekamen keines. Da trug es sich zu, als die Königin einmal im Bad saß, dass ein Frosch aus dem Wasser ans Land kroch und zu ihr sprach: „Dein Wunsch wird erfüllt werden. Noch bevor ein Jahr vergangen ist, wirst du eine Tochter zur Welt bringen.“

Was der Frosch gesagt hatte, das geschah, und die Königin gebar ein Mädchen, das war so schön, dass der König vor Freude ein großes Fest veranstaltete. Er lud nicht bloß seine Verwandten, Freunde und Bekannten dazu ein, sondern auch die weisen Frauen, damit sie dem Kind wohlgesonnen wären. Es gab dreizehn weise Frauen in seinem Reich, weil er aber nur zwölf goldene Teller hatte, von denen sie essen sollten, so musste eine von ihnen daheim bleiben.

Das Fest wurde mit aller Pracht gefeiert und als es zu Ende war, beschenkten die weisen Frauen das Kind mit ihren Wundergaben: die eine mit Tugend, die andere mit Schönheit, die dritte mit Reichtum, und so mit allem, was auf der Welt wünschenswert ist. Als elf von ihnen ihre Sprüche getan hatten, trat plötzlich die dreizehnte herein. Sie wollte sich dafür rächen, dass sie nicht eingeladen war, und ohne jemanden zu grüßen oder auch nur anzusehen, rief sie mit lauter Stimme: „Die Königstochter soll sich in ihrem fünfzehnten Jahr an einer Spindel stechen und tot umfallen.“ Und ohne ein Wort weiter zu sprechen, drehte sie sich um und verließ den Saal.

Alle waren erschrocken, da trat die zwölfte hervor, und weil sie den bösen Spruch nicht aufheben, sondern ihn nur mildern konnte, so sagte sie: „Es soll aber kein Tod sein, sondern ein hundertjähriger Schlaf, in den die Königstochter fällt.“

Der König, der sein liebes Kind vor dem Unglück bewahren wollte, erließ den Befehl, dass alle Spindeln im ganzen Königreich verbrannt werden sollten. An dem Mädchen aber wurden alle Gaben der weisen Frauen erfüllt, denn es war so schön, sittsam, freundlich und verständig, dass jedermann, der es ansah, es lieb haben musste.

Es geschah, dass an dem Tag, wo es gerade fünfzehn Jahre alt wurde, der König und die Königin nicht zu Hause waren und das Mädchen ganz allein im Schloss zurückblieb. Da ging es überall herum, schaute in alle Stuben und Kammern, wie es Lust hatte, und kam endlich auch an einen alten Turm. Es stieg die enge Wendeltreppe hinauf und gelangte zu einer kleinen Tür. In dem Türschloss steckte ein verrosteter Schlüssel und als es ihn umdrehte, sprang die Tür auf. Und da saß in einem kleinen Stübchen eine alte Frau mit einer Spindel und spann emsig ihren Flachs.

„Guten Tag, du altes Mütterchen“, sprach die Königstochter, „was machst du da?“

„Ich spinne“, sagte die Alte und nickte mit dem Kopf.

„Was ist das für ein Ding, das so lustig herumspringt?“, fragte das Mädchen, nahm die Spindel und wollte auch spinnen.

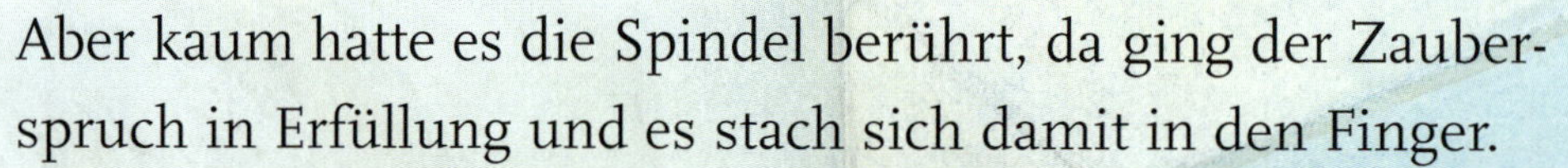

Aber kaum hatte es die Spindel berührt, da ging der Zauberspruch in Erfüllung und es stach sich damit in den Finger.

In dem Augenblick aber, als die Königstochter sich stach, fiel sie auf das Bett, das da stand, und lag in einem tiefen Schlaf. Und dieser Schlaf legte sich über das ganze Schloss. Der König und die Königin, die gerade heimgekommen und in den großen Saal getreten waren, schliefen ein, und der ganze Hofstaat mit ihnen. Auch die Pferde im Stall, die Hunde im Hof, die Tauben auf dem Dach, die Fliegen an der Wand fielen in einen tiefen Schlaf. Ja sogar das Feuer, das im Herd flackerte, wurde still, und der Braten hörte auf zu brutzeln, und der Koch, der den Küchenjungen an den Haaren ziehen wollte, weil er

etwas umgestoßen hatte, ließ ihn los und schlief ein. Der Wind legte sich und auf den Bäumen vor dem Schloss regte sich kein Blättchen mehr.

Rings um das Schloss aber begann eine Dornenhecke zu wachsen. Sie wurde jedes Jahr höher, bis sie das ganze Schloss überwucherte und darüber hinaus wuchs, sodass gar nichts mehr davon zu sehen war, auch nicht die Fahne auf dem Dach.

Im ganzen Land ging aber die Sage von dem schönen, schlafenden Dornröschen um, denn so wurde die Königstochter genannt. Von Zeit zu Zeit kamen Königssöhne und wollten durch die Hecke in das Schloss dringen. Es war aber nicht möglich, denn die Dornen hielten fest zusammen, als hätten sie Hände. Und die Jünglinge blieben darin hängen, konnten sich nicht wieder befreien und starben einen jämmerlichen Tod.

Nach vielen, vielen Jahren kam wieder einmal ein Königssohn in das Land und hörte, wie ein alter Mann von der Dornenhecke erzählte. Es sollte ein Schloss dahinter stehen, in dem eine wunderschöne Königstochter, Dornröschen genannt, schon seit hundert Jahren schliefe und mit ihr schliefe der König und die Königin und der ganze Hofstaat. Er wusste auch von seinem Großvater, dass schon viele Königssöhne gekommen waren und versucht hatten, durch die Dornenhecke zu dringen, aber sie seien alle hängen geblieben und eines traurigen Todes gestorben.

Da sprach der Jüngling: „Ich fürchte mich nicht, ich will dorthin und das schöne Dornröschen sehen!“

Der gute Alte mochte ihm abraten, wie er wollte, er hörte nicht auf seine Worte. Nun waren aber gerade die hundert Jahre vorbei und der Tag war gekommen, wo Dornröschen wieder erwachen sollte. Als der Königssohn sich der Dornenhecke näherte, waren es lauter schöne Blumen, die öffneten sich von selbst und ließen ihn unbeschädigt hindurch. Hinter ihm schlossen sie sich wieder als Hecke zusammen. Im Schlosshof sah er die Pferde und Jagdhunde liegen und schlafen, auf dem Dach saßen die Tauben und hatten ihre Köpfchen unter die Flügel gesteckt. Und als er ins Haus kam, schliefen die Fliegen an der Wand, der Koch in der Küche hielt noch die Hand, als wollte er den Jungen packen, und die Magd saß vor dem schwarzen Huhn, das gerupft werden sollte. Da ging er weiter und sah im Saal den ganzen Hofstaat liegen und schlafen und oben am Thron lagen der König und die Königin.

Er ging noch weiter. Und alles war so still, dass er seinen Atem hören konnte. Endlich kam er zu dem Turm und öffnete die Tür zu der kleinen Stube, in der Dornröschen schlief. Da lag es und war so schön, dass er die Augen nicht von ihm abwenden konnte. Er bückte sich und gab ihm einen Kuss. Kaum hatte er es mit dem Kuss berührt, schlug Dornröschen die Augen auf, erwachte und blickte ihn freundlich an.

Sie gingen zusammen hinab, und der König erwachte und die Königin und der ganze Hofstaat und sahen einander mit großen Augen an. Und die Pferde im Hof schüttelten sich. Die Jagdhunde sprangen auf und wedelten mit den Schwänzen. Die Tauben auf dem Dach zogen die Köpfchen unter den Flügeln hervor, schauten herum und flogen aufs Feld. Die Fliegen an den Wänden krochen weiter, das Feuer in der Küche flackerte wieder und kochte das Essen, der Braten fing an zu brutzeln und der Koch gab dem Jungen eine Ohrfeige, dass er schrie. Die Magd rupfte das Huhn fertig. Und da wurde die Hochzeit des Königssohns mit Dornröschen in aller Pracht gefeiert und sie lebten vergnügt bis an ihr Ende.

Christa Wißkirchen

Wenn wir schlafen

Schläft, wenn wir schlafen, alles ein?
O nein!
Die Uhren gehn, die Sterne kreisen,
die Kinder wachsen wie das Gras.
Es rauscht das Meer, die Wolken ziehen,
der Regen macht die Dächer nass.
Nachtschmetterlinge kommen heimlich
aus ihrem Tagversteck heraus,
unhörbar rührn sich Eulenflügel,
es rascheln Igel, Fuchs und Maus.
Die Träume gehn im Kopf spazieren,
ganz leise pocht das Herz dazu.
So atmen hinter tausend Türen
die müden Menschen und
auch du.

Warum müssen wir schlafen?

Wenn du tagsüber auf dem Spielplatz herumtobst, Ball spielst oder über die Wiese läufst, dann bist du abends richtig müde. Dein Körper muss sich jetzt erholen und neue Kräfte sammeln. Das passiert, während du im Bett liegst und schläfst.

Im Schlaf arbeitet dein Körper von ganz alleine. Mit speziellen Stoffen sorgt er dafür, dass du größer und kräftiger wirst. Am nächsten Morgen wirst du dich frisch und munter fühlen.

Es ist sehr wichtig, sich immer wieder auszuruhen und genug zu schlafen. Ein Baby kann beispielsweise bis zu 20 Stunden schlafen – das ist fast ein ganzer Tag! Je älter und größer du wirst, desto weniger Schlaf brauchst du.

Irina Korschunow

Der Sandmannvater und sein Sohn

Dort, wo alle Sandmänner ihre Häuser haben, wohnen auch der Sandmannvater und sein Sohn. Der Sandmannvater ist für den Bezirk Neustadt zuständig. Jeden Abend, wenn es dunkel wird, nimmt er seinen Sandsack und macht sich an die Arbeit, wie die anderen Sandmänner in der Gegend. Er hat eine Menge zu tun, und wenn er heimkommt, tun ihm die Füße weh.

Dann wartet schon sein Sohn auf ihn. Er bringt dem Sandmannvater warmes Wasser für die Füße und fragt: „Wie war's, Papa? Haben die Kinder noch vor den Fernsehern gesessen? Und was haben sie gemacht, wenn du ihnen mitten im Krimi Sand in die Augen gestreut hast?"

„Gegähnt haben sie", sagt der Sandmannvater. „Uaaa, uaaaa. Und ein paar sind vom Stuhl gefallen. So sah das aus." Er macht es vor, und der kleine Sandmann lacht sich halb tot.

„Nimm mich mit, Papa", bettelt er. „Ich möchte so gern sehen, wie die Kinder von den Stühlen fallen."

„Jetzt noch nicht", sagt der Sandmannvater. „Du musst erst stark genug sein, um einen Sandsack tragen zu können. Dann wirst du ein Sandmann, genau wie Opa und ich."

„Mist", sagt der kleine Sandmann. Er geht zum Sandkasten, bäckt Sandkuchen und spielt. Wenn sein Vater sich ausgeruht hat, spielen sie zusammen. So vergeht die Zeit.

Eines Tages kann der kleine Sandmann einen Sandsack tragen. Da nimmt ihn der Sandmannvater mit zur Arbeit. Er soll lernen, wie man den Kindern Sand in die Augen streut.

Das wird lustig, denkt der kleine Sandmann. Aber es wird überhaupt nicht lustig. Alles ist ganz anders, als der kleine Sandmann es sich vorgestellt hat. Er sieht kein einziges Kind, das vom Stuhl fällt. Die meisten liegen schon in den Betten, und die anderen reiben sich höchstens die Augen.

„Du hast geschwindelt, Papa“, schimpft der kleine Sandmann.

„Wieso?“, sagt sein Vater. „Manchmal ist wirklich so ein Kind vom Stuhl gefallen. Und es kommt auch nicht darauf an, ob du es lustig findest oder nicht. Tu deine Arbeit, das ist die Hauptsache. Du willst doch ein tüchtiger Sandmann werden.“

„Ja“, sagt der kleine Sandmann. „Es ist bloß so langweilig. Und die Füße tun mir weh.“

„Allen Sandmännern tun die Füße weh“, sagt der Sandmannvater. „Das gehört dazu.“

„Wirklich?“, fragt der kleine Sandmann.

Am nächsten Abend möchte er am liebsten zu Hause bleiben, um Sandkuchen zu backen. Aber damit ist es vorbei. Er muss lernen, wie man Kindern Sand in die Augen streut.

Nach drei Tagen kann er es schon sehr gut. Fast so gut wie die anderen Sandmänner.

„Ich bin stolz auf dich, Junge“, sagt der Sandmannvater. „Ich glaube, du wirst ein tüchtiger Sandmann. Morgen bekommst du ein paar Straßen für dich allein. Dann habe ich es leichter.“

„Okay“, sagt der kleine Sandmann. „Darf ich mich mal fünf Minuten hinsetzen? Die Füße tun mir weh.“

„Mir auch“, sagt der Sandmannvater. „Nimm dich zusammen. Ein Sandmann jammert nicht.“

Mist, denkt der kleine Sandmann. Spielen ist besser.

Am nächsten Abend zeigt ihm sein Vater die Straßen, die er für sich allein haben soll.

„In einer Stunde treffen wir uns hier an der Ecke wieder“, sagt er. „Und vergiss nicht, dass du ein Sandmann bist.“

Der kleine Sandmann rückt seinen Sandsack zurecht.

„Bestimmt nicht, Papa“, sagt er und trabt los. Er streut einem Kind nach dem anderen Sand in die Augen, und alle schlafen ein.

Ich bin ein toller Sandmann, denkt der kleine Sandmann stolz.

Der Junge im letzten Haus heißt Christian. Christian hat zwei kleine Autos mit ins Bett genommen und spielt Unfall. „Polizei!“, ruft er. „Tatütatü! Kranken ...“ Eigentlich hat er Krankenwagen rufen wollen. Aber da kommt der kleine Sandmann, und mitten im Satz fallen Christian die Augen zu.

Gut gemacht! denkt der kleine Sandmann. Papa wird staunen. Plötzlich sieht er etwas: ein komisches Ding. Ein Ding mit drei Rädern. Ein Dreirad. Es ist teils rot, teils blank und blitzt im Mondlicht. Der kleine Sandmann starrt es an. Wie das wohl geht? überlegt er und gibt dem Ding einen Schubs. Da fängt es an zu rollen. Das gefällt dem kleinen Sandmann. Er schiebt das Ding ein paar Mal hin und her. Dann setzt er sich auf den Sattel und stellt die Füße auf die Pedale. Die Pedale bewegen sich. Er tritt fester zu, und das Ding rollt mit ihm los. Es rollt durchs Zimmer, und der kleine Sandmann vergisst alles andere, so

schön findet er das. Er will nur noch rollen, rollen, rollen, am liebsten die ganze Nacht.

Doch da kommt sein Vater angerannt.

„Spinnst du, Junge“, ruft er und schnappt nach Luft. „Ich stehe an der Ecke und warte, und du? Was treibst du hier?“

Der kleine Sandmann schweigt.

„Unfug treibst du!“, schimpft sein Vater. „Unnützen Menschenkram. Was muss ein Sandmann tun?“

Der kleine Sandmann sieht das Dreirad an. „Das Ding ist so schön, Papa", sagt er.

„Das Ding geht dich einen Dreck an", sagt der Sandmannvater. „Ein Sandmann muss Sand in die Augen streuen, sonst nichts."

„Ich will aber ...", sagt der kleine Sandmann.

„Du willst gar nichts", sagt der Sandmannvater. „Komm."

Sie gehen auf die Straße. Plötzlich merkt der kleine Sandmann, dass er seinen Sandsack vergessen hat.

„Du, Papa!", ruft er. „Ich habe ..."

„Halt den Mund, mir reicht's", sagt sein Vater.

Der kleine Sandmann gehorcht und so passiert das Unglück: Christians Mutter findet am nächsten Morgen das Säckchen und schüttet den Sand aus dem Fenster, mitten in den Wind.

„Was du alles ins Zimmer schleppst", sagt sie zu Christian. „Das ist doch ..."

Weiter kommt sie nicht, weil ihr ein paar Sandkörner in die Augen fliegen.

„Uaaa", gähnt sie, legt sich auf den Teppich und schläft ein.

„Was ist denn los, Mama?", fragt Christian. „Was hast ..."

Da schläft auch er. Denn der Wind wirbelt den Sand ins Zimmer und durch die ganze Gegend. Alle Leute in der Neustadt schlafen ein. Wie bei Dornröschen.

Der kleine Sandmann ahnt nicht, was er angerichtet hat. Er will nur seinen Sandsack wiederhaben. Unbedingt. Und als der Vater Mittagsschlaf hält, schleicht er aus dem Haus und läuft in die Neustadt. Es ist heller Tag, aber alle Leute, die er sieht, schlafen. In den Bussen und Autos. In den Geschäften. Auf den Straßen. Im Park. In der Schule. Auch Christian schläft. Neben seinem Bett steht das rote Dreirad. Und auf der Fensterbank liegt der leere Sandsack. Oje, denkt der kleine Sandmann, was Papa wohl sagt!

Aber passiert ist passiert. Und weil er nun einmal da ist, setzt er sich auf das Dreirad. Zuerst fährt er im Zimmer herum. Dann fährt er durch die Tür und auf die Straße. Und schließlich fährt er nach Hause.

Der Sandmannvater wartet schon vor der Tür. „Wo bist du gewesen?“, will er wissen. „Und was ist das?“

Der kleine Sandmann sieht seinen Vater an.

„Das Ding ist so schön, Papa“, sagt er. „Ich will es behalten.“

Dann erzählt er die ganze Geschichte, und der Sandmannvater stöhnt: „Furchtbar! Den Sandsack vergessen! Entsetzlich! Ich glaube, du wirst nie so ein Sandmann wie Opa und ich. Zur Strafe nehme ich dich die nächsten drei Tage nicht mit zur Arbeit. Und dies Ding da, das kommt dorthin zurück, wo es hingehört. Sofort!“

Der kleine Sandmann gehorcht. Er stellt das Dreirad wieder in Christians Zimmer. Dann will er heimgehen. Er ist sehr traurig. Er lässt den Kopf hängen, so traurig ist er. Er merkt nicht, wo er hingeht, und plötzlich steht er an der Müllkippe.

Der kleine Sandmann vergisst, dass er traurig ist. So etwas wie hier hat er noch nie gesehen.

Ein ganzer Berg aus Dreck und Abfall. Und wie das stinkt! Der kleine Sandmann schüttelt sich. Aber er geht noch näher heran. Denn dort auf dem Berg liegt nicht nur Dreck. Dort liegen auch Stühle und Sofas. Und Kühlschränke und Waschschüsseln. Und Schuhe und Matratzen und Regenschirme. Lauter nützliche Sachen. Was die Menschen alles wegschmeißen, wundert sich der kleine Sandmann.

Das muss ich Papa sagen. Vielleicht können wir etwas davon gebrauchen.

Er tritt noch ein Stück näher. Da entdeckt er etwas. Zwischen dem Kram liegt ein Ding! Genauso ein Ding wie das von Christian.

Der kleine Sandmann läuft auf den Müllberg und zerrt es aus dem Gerümpel heraus. Doch er lässt es gleich wieder fallen. An dem Ding fehlen nämlich die Räder. Es ist nur ein halbes Ding zum Fahren. Der kleine Sandmann denkt nach. Dann fängt er an, in dem Gerümpel nach Rädern zu suchen. Er wühlt und wühlt. Doch ein Rad findet er nicht. Er findet nur ein anderes halbes Ding. Ein Ding ohne Lenkstange und ohne Sattel. Aber mit Rädern!

Der kleine Sandmann sieht die zwei halben Dinger lange an. Schließlich nimmt er sie unter die Arme und schleppt sie nach Hause.

„Ich habe was gefunden, Papa“, ruft er.

„Das da?“ Der Sandmann schüttelt den Kopf. „Was soll der Quatsch?“

„Gar kein Quatsch, Papa!“, ruft der kleine Sandmann. „Das sind zwei halbe Dinger zum Fahren. Daraus können wir ein ganzes machen!“

„Menschenblödsinn“, sagt der Sandmannvater.

„Gar kein Blödsinn, Papa!“, ruft der kleine Sandmann. „Beim Fahren tun einem die Füße nicht weh. Man ist auch viel früher mit der Arbeit fertig. Und hat mehr Zeit zum Spielen!“

Der Sandmannvater schüttelt wieder den Kopf. Er nimmt seinen Sandsack und geht zur Arbeit.

Und auch der kleine Sandmann tut etwas: Er macht an dem

Ding ohne Lenkstange die Räder los. Dann will er die Räder an dem anderen Ding befestigen. Doch das schafft er nicht allein.

„Du musst mir helfen, Papa“, sagt er, als sein Vater nach Hause kommt.

„Blödsinn, Junge“, brummt der Sandmannvater. „Wir haben nicht das richtige Werkzeug. Wo ist mein Fußwasser? Ich habe eine Blase am Zeh.“

„Vielleicht können wir Werkzeug machen“, sagt der kleine Sandmann.

Er bringt dem Sandmannvater Wasser und ein Handtuch. Er trocknet ihm sogar die Füße ab. Und kitzelt sie ein bisschen. Da lacht der Sandmannvater. Er fängt an, mit dem kleinen Sandmann zu basteln, und sie machen aus zwei halben Dingern ein ganzes. Der kleine Sandmann setzt sich darauf. Er fährt zwei Runden. Sein Vater sieht zu.

„Toll, Junge“, sagt er. „So ein Ding wäre gut für meine Füße!“

„Wir bauen dir eins, Papa!“, ruft der kleine Sandmann. „Schnell! Zum Dreckberg!“

So geschieht es: Auch der Sandmannvater bekommt ein Dreirad. Es dauert ziemlich lange, bis es fertig ist. Aber eines Abends rollen der Sandmannvater und sein Sohn zusammen zur Arbeit. Die anderen Sandmänner stehen da und staunen.

„Wo habt ihr diese Dinger her?“, wollen sie wissen.

„Die haben wir gebaut, mein Papa und ich“, sagt der kleine Sandmann stolz.

Und der Sandmannvater fügt hinzu: „Ideen muss man haben. Ideen!“

Kennst du das Sandmännchen?

Morgens, wenn du aufwachst, kannst du manchmal kleine Körnchen in deinen Augen finden. Die Krümel sehen ein wenig wie Sandkörner aus. Willst du wissen, woher sie kommen? Man erzählt sich folgende Geschichte:

Nachts ist das Sandmännchen unterwegs und trägt ein Säckchen mit feinem Zaubersand auf dem Rücken. Auf leisen Sohlen schleicht es von einem Bett zum nächsten und lässt jedem Menschen ein bisschen Sand in die Augen rieseln. Sofort schlafen alle ein und träumen etwas Schönes.

War das Sandmännchen auch schon mal bei dir? Prüfe doch morgen früh mal nach, ob du ein Sandkörnchen in deinen Augen entdecken kannst!

Max Velthuijs

Frosch hat Angst

Frosch fürchtete sich sehr. Er lag im Bett, und überall hörte er seltsame Geräusche. Im Schrank raschelte es, und die Fußbodenbretter knarrten.

„Da ist jemand unter meinem Bett", dachte Frosch.

Mit einem Satz sprang er aus dem Bett und rannte so schnell er konnte durch den dunklen Wald zu Ente.

„Nett, dass du mich besuchst", sagte Ente. „Aber es ist schon ziemlich spät. Ich wollte gerade ins Bett gehen."

„Hilf mir, Ente", sagte Frosch. „Ich habe schreckliche Angst. Unter meinem Bett ist ein Gespenst."

„Quatsch", lachte Ente, „das gibt's gar nicht."

„Das gibt es sehr wohl", sagte Frosch. „Im Wald spukt es auch."

„Du musst dich nicht fürchten", sagte Ente herzlich. „Du kannst bei mir bleiben, ich habe keine Angst."

Sie kuschelten sich zusammen ins Bett. Und Frosch schmiegte sich an den warmen Körper von Ente. Nun hatte er keine Angst mehr. Plötzlich hörten sie auf dem Dach ein kratzendes Geräusch.

„Was war das?", fragte Ente und setzte sich mit einem Ruck auf.

Da hörten sie ein Knarzen auf der Treppe.

„Dieses Haus ist voller Gespenster!", schrie Frosch. „Nichts wie raus."

Und sie liefen in den Wald. Frosch und Ente rannten so schnell sie nur konnten. Sie glaubten, überall Gespenster und schaurige Monster zu hören.

Endlich gelangten sie zu dem Haus von Schwein. Völlig außer Atem hämmerten sie an der Tür.

„Wer ist da?“, fragte eine verschlafene Stimme.

„Wir sind's!“, riefen Frosch und Ente. „Bitte mach auf.“

„Was ist denn los?“, fragte Schwein ärgerlich. „Warum weckt ihr mich mitten in der Nacht?“

„Bitte hilf uns“, sagte Ente. „Wir fürchten uns entsetzlich. Der Wald ist voller Gespenster und Monster.“

Schwein lachte. „Was für ein Unsinn! Gespenster und Monster gibt es nicht. Das wisst ihr doch!“

„Sieh doch selbst nach“, sagte Frosch.

Schwein schaute aus dem Fenster, aber sie konnte nichts Ungewöhnliches entdecken.

„Bitte Schwein, können wir hier schlafen? Wir fürchten uns so.“

„Okay“, sagte Schwein. „Mein Bett ist groß genug. Und ich fürchte mich nie. Ich glaube nicht an all den Unsinn.“

So lagen endlich alle drei in dem Bett von Schwein.

„Wunderbar“, dachte Frosch, „jetzt kann nichts mehr passieren.“

Aber sie konnten nicht schlafen. Sie lauschten auf all die seltsamen erschreckenden Geräusche aus dem Wald. Jetzt hörte Schwein sie auch!

Zum Glück konnten die drei Freunde sich gegenseitig beruhigen. Laut erzählten sie sich, dass sie sich nicht fürchteten – dass sie vor gar nichts Angst hätten. Endlich schliefen sie erschöpft ein.

Am nächsten Morgen wollte Hase Frosch besuchen. Die Tür war sperrangelweit offen, und Frosch war nirgends zu sehen.

„Das ist seltsam“, dachte Hase.

Auch Entes Haus war leer.

„Ente, Ente, wo bist du?“, rief Hase. Aber niemand antwortete. Hase machte sich große Sorgen.

Er dachte, dass etwas Schreckliches geschehen wäre.

Voller Angst rannte er durch den Wald auf der Suche nach Frosch und Ente.

Er schaute überall nach, aber er konnte seine Freunde nirgendwo entdecken.

„Vielleicht weiß Schwein, wo sie sind“, dachte er.

Hase klopfte an die Tür von Schwein. Keine Antwort. Alles blieb still.

Er schaute durchs Fenster, und da sah er seine drei Freunde im Bett. Sie schliefen fest. Es war zehn Uhr morgens! Hase klopfte an das Fenster.

„Hilfe! Ein Gespenst!", schrien die drei Freunde. Dann sahen sie, dass es Hase war.

Schwein sperrte die Tür auf. Sie rannten hinaus.

„Oh, Hase", sagten sie. „Wir hatten so schreckliche Angst. Der Wald ist voll von Gespenstern und schaurigen Monstern."

„Gespenster und Monster?", sagte Hase überrascht. „Die gibt es doch gar nicht."

„Woher willst du das wissen?", sagte Frosch ärgerlich. „Eines war unter meinem Bett."

„Hast du es gesehen?", fragte Hase ruhig.

„Nun, nein", sagte Frosch. „Aber gehört."

Lange Zeit redeten sie noch über Gespenster und Monster und andere haarsträubende Dinge.

Schwein kochte Tee.

„Wisst ihr", sagte Hase, „jeder hat manchmal Angst."

„Sogar du?", fragte Frosch überrascht.

„O ja", sagte Hase. „Heute morgen hatte ich große Angst, als ich dachte, ihr seid verschwunden."

Einen Moment war es ganz still. Dann fingen alle drei an zu lachen.

„Wieso?", riefen sie, „wir sind doch immer da!!!"

Helga Schubert

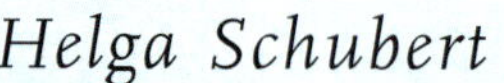

Das Märchen vom Huuhuu

Es war einmal ein kleines Kind, und das hieß Huuhuu. Huuhuu brauchte erst nach Mitternacht ins Bett und erst nach dem Mittag in die Schule.

Es war nämlich ein Gespensterkind.

Jeden Abend war es mit seinen Eltern zum Gruselnmachen unterwegs. Gruselnmachen wird immer schwerer, klagten die Eltern. Gespenstervater schimpfte über die hellen Straßenlaternen, denn sie ließen kaum noch dunkle Häuserecken übrig.

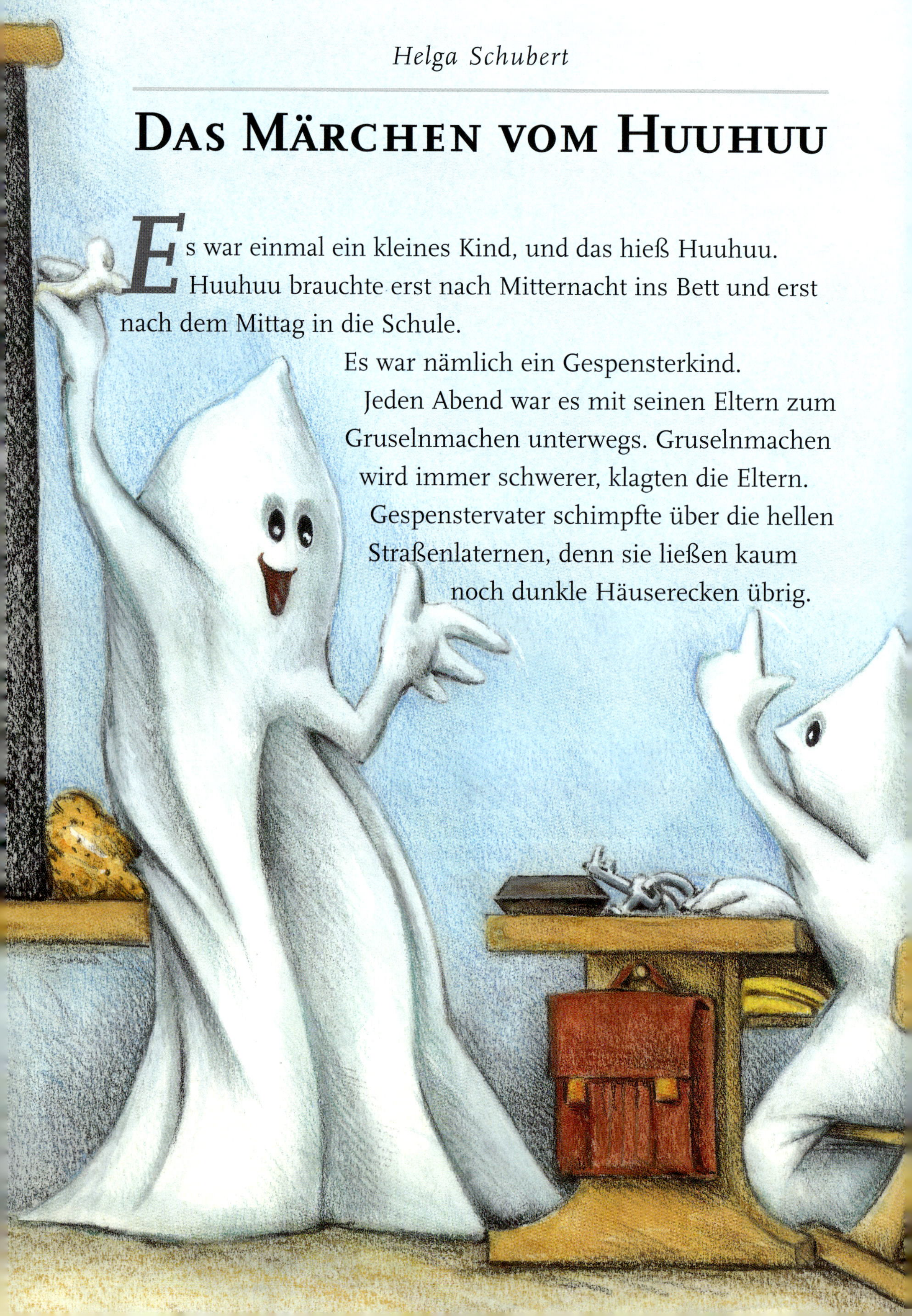

Gespenstermutter zeterte über die Dauerbeleuchtung in den Hausfluren, denn früher hatten sie sich in den dunklen Hausfluren immer so schön aufwärmen können.

Wie groß war darum die Freude der Eltern, als es Huuhuu einmal schaffte, sich in eine Küche einzuschleichen, das ganze Geschirr vom Abwaschtisch auf den Boden zu pfeffern und gleichzeitig die Glastür zum Wohnzimmer so zuzuschlagen, dass die Scheibe rausfiel. In Wirklichkeit kam das mit der Tür durch einen Windzug. Aber Huuhuu wollte seine Eltern nicht enttäuschen und ließ sie in dem Glauben, dass es alles allein geschafft hatte.

Vater, Mutter und Huuhuu waren sehr zufrieden, dass sich alle in der Wohnung auch wirklich gruselten, ganz leise fragten: „Hast du das auch gehört?“, sich dann die Bettdecke über den Kopf zogen und weiterschliefen.

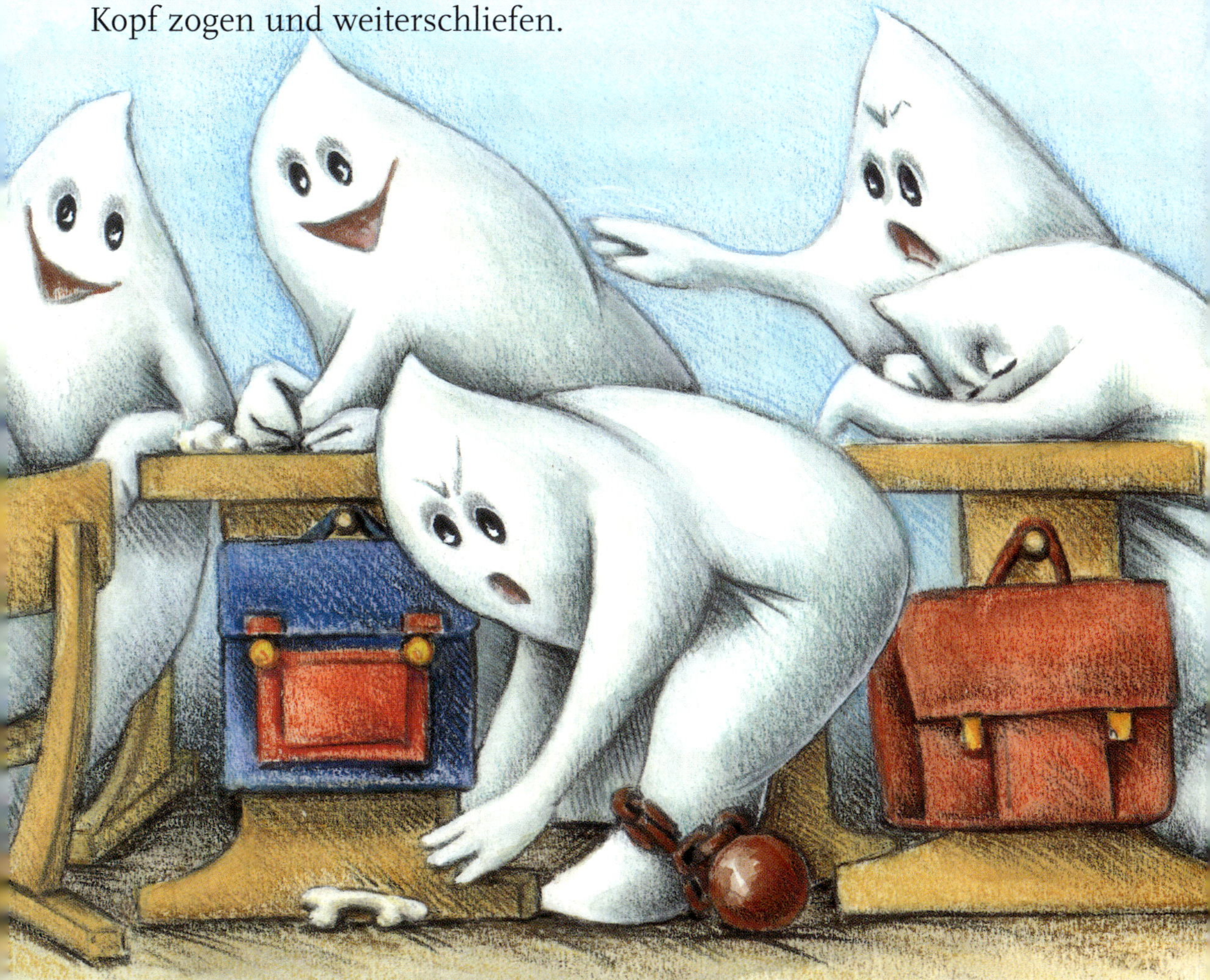

Huuhuu und seine Eltern aber mussten wieder ins Kalte raus und sich für das nächste Gruselnmachen was einfallen lassen. Wenn sie dann endlich zu Hause waren, schlief Huuhuu gleich ein. Am nächsten Mittag musste es aufstehen, um pünktlich in der Schule zu sein.

Andere-zum-Gruseln-Bringen ist wirklich eine Wissenschaft für sich. Im Werkunterricht lernte Huuhuu Laken nähen und knoten, glühende Kohlen anfassen und vor den Augen befestigen, im Sport herumtapsen im Dunkeln, möglichst viel umstoßen, auf einem Dach balancieren und dabei mit schweren Ketten klirren, im Zeichnen Blutflecken aus Kirschsirup herstellen, in Musik wimmern in verschiedenen Tonhöhen, wie eine ungeölte Schranktür quietschen und gespenstisch kichern. Wenn es nicht gespenstisch genug kicherte, bekam es eine Fünf. „Nicht für die Schule, sondern für das Leben kicherst du", sagte die Musiklehrerin streng und ließ es zum Strafkichern nachsitzen. Klassenarbeiten musste es auch schreiben, zum Beispiel zu dem Thema: „Wie bringe ich einen großen dicken Mann zum Gruseln, der immer gleich einschläft?" oder: „Wie bringe ich eine kleine dünne Frau wieder zur Ruhe, die sich zu sehr gruselt?"

Einmal, als Huuhuu im Bett lag und noch nicht so richtig müde war, wünschte es sich: Wenn ich mich doch auch mal richtig gruseln könnte, bloß, dachte es traurig, ich kenne doch nun fast schon alle Gespenstertricks. So richtig unheimlich müsste mir sein, ich müsste Schlurfschritte hören und müsste denken, das wird doch nicht etwa ein Gespenst sein, um Himmels willen. Und dann müsste der Wecker vom Stuhl fallen und die Lampe wackeln, und dann müssten sich mir die Haare einzeln sträuben, und ich müsste eine Gänsehaut kriegen.

Plötzlich hörte Huuhuu ein grausliches Kratzen an den Fensterscheiben, mal leise, mal lauter. So etwas hatte es noch nie gehört. Huuhuu wurde sehr neugierig und wollte gleich nachsehen, woher das Geräusch kam. Vielleicht ein Streich von seinem Banknachbarn in der Schule? Aber der war ja krank. Und Kratzen an Fenstern von außen? Das war wirklich unerklärlich für Huuhuu. Vielleicht ist das Gruseln, wenn man sich etwas nicht erklären kann, dachte Huuhuu. Dann sehe ich jetzt nicht nach, was es ist, beschloss es. Ob draußen vielleicht kleine Knochen oder Eisenhämmerchen an das Fenster schlugen? Huuhuu hörte nur noch das Klopfen, und dann merkte es endlich so ein wundervolles Gefühl im Bauch und gruselte sich und gruselte sich und gruselte sich. Und lag in seinem warmen Bett und zog sich die Bettdecke über den Kopf und versuchte das Kratzen auch dann noch zu hören.

Ja, es war noch da! Wenn ich mich schon grusele, wie werden sich dann erst die Menschen gruseln, dachte Huuhuu. Aber es irrte sich. Die Menschen hörten das Geräusch an den Fenstern zwar auch, aber sie standen auf und sagten zueinander: „Solch einen Hagel hatten wir ja schon jahrelang nicht mehr. Seht mal, da sind richtige Eisbrocken darunter. Hoffentlich bleiben die Fenster ganz."

Aber da war Huuhuu schon, zufrieden über das Unerklärliche, tief eingeschlafen. Es war eben noch ein sehr kleines Gespensterkind.

Helge May

Was man gegen Gespenster tun kann

Hast du unterm Bett Gespenster
oder Monster oder Drachen
Dann solltest du dich nicht verstecken,
sondern was dagegen machen!
Gegen Hexen oder Riesen,
die dich kneifen oder schubsen,
musst du singen oder kichern
oder auch mal kräftig pupsen!

Haste Angst? Brauchste nicht!
Gespenster hast du schnell erwischt!
Denn Gespenster, Monster, Drachen
haben Angst vor deinem Lachen!

Gehst du abends durch dein Zimmer
und du siehst 'ne Fledermaus,
machst du einmal kurz das Licht an
und die Fledermaus fliegt raus!
Will 'ne ganze Bande Geister
nachts in deinem Zimmer bleiben,
fängst du einfach an zu tanzen.
Damit kannst du sie vertreiben!

Haste Angst? Brauchste nicht!
Gespenster hast du schnell erwischt!
Denn Gespenster, Monster, Drachen
haben Angst vor deinem Lachen!

Christa Wißkirchen

Spuk in der U-Bahn

Wie war noch mal der Name?", fragte der Mann hinter dem Computer.

„Spirit", sagte das Gespenst. „Soll ich buchstabieren? S P I R I T." Es räusperte sich. Dabei fiel ihm leider eine hellblaue Raupe aus dem rechten Ohr, sodass der Mann vom Arbeitsamt die Stirn runzelte. Und weil es ein amerikanisches Gespenst war, sagte es: „Sorry!" Das heißt: Tut mir Leid.

„Nein, Herr Spirit", sagte jetzt der Mann, „ich habe noch immer keine Stelle für Sie. Kommen Sie doch nächste Woche wieder."

Missmutig machte sich das Gespenst auf den Weg zur U-Bahn und ließ sich zwischen den vielen Leuten die Rolltreppe hinunterschieben. Es war gerade drei Stationen gefahren, da ertönte hinten im Wagen eine Stimme: „Die Fahrkarten bitte!"

Oh Schreck! Das Gespenst hatte ganz vergessen eine zu kaufen. „Da hilft nur das große Durcheinander", seufzte es. Also los! Es ließ ein paar Mal das Licht flackern und schickte dann eine große leuchtend gelbe Maus an den Wänden und Fenstern entlang, sodass die Leute aufschrien und von den Sitzen sprangen. Bei der nächsten Haltestelle drängelten alle zur Tür und stiegen aus.

Alle? Nein, ganz vorn saß noch eine Dame mit Wuschelkopf und schaute stur geradeaus. Auf dem Schoß hielt sie eine offene Handtasche. Eben huschte die gelbe Maus ganz in ihrer Nähe vorbei und da – schwupp! – sprang sie in die Tasche und – schnapp! – sprang die Tasche zu. Die Dame schaute noch immer geradeaus und unter ihren Locken konnte man nichts als eine spitze Nase erkennen. „Entschuldigung", sagte das Gespenst und tippte der Dame vorsichtig auf die Schulter. „Könnte es sein, dass sich soeben eine gelbe Maus in Ihre Handtasche verirrt hat?"

„Was fällt Ihnen ein!", knurrte die Dame beleidigt. „Ich habe niemals Mäuse in der Tasche und schon gar keine gelben."

„Sorry!“, sagte das Gespenst. „Aber wissen Sie, es ist meine Übungsmaus. Ich brauche sie.“

Da plötzlich drehte die Dame den Kopf herum und lachte ihm ins Gesicht: „Kennst du mich nicht mehr?“

„Ach, du bist es! Gisela, die Schreckhexe, nicht wahr?“

„Jawohl, und du bist Spirit, das amerikanische U-Bahn-Gespenst, wenn ich mich nicht irre?“

„Genau. Wir haben uns letzte Woche im Arbeitsamt getroffen.“

„Hast du immer noch keine alte Burg gefunden, wo eine Stelle frei ist?“

„Leider nein. Und du?“

„Auch nicht. Ich spuke zur Zeit vormittags im Fahrradkeller einer Schule und nachmittags in einer Lagerhalle. Es ist ganz nett. Irgendeiner muss ja schließlich die Luft aus den Reifen lassen und die Klingeln losschrauben. Und im Lager die Pakete ordentlich vertauschen und vom Gabelstapler schubsen. Aber auf die Dauer habe ich doch Sehnsucht nach einer schönen zugigen Burg mit Eulen und tiefen Kellern.“

„Ja, ich bin extra wegen einer solchen Burg hierher gekommen und jetzt ist keine frei.“

„Ich hab eine Idee“, sagte Gisela, die Schreckhexe, und ließ die gelbe Maus wieder aus der Handtasche springen. „Sollen wir uns nicht zusammentun? Du kannst mir das U-Bahn-Spuken beibringen und ich erkläre dir dafür die besten Burg-Tricks. Zum Beispiel wie man ein Spiegelbild plötzlich verdoppelt. Wie man als Nebel durch den Kamin schlüpft. Oder wie man in alten Ritterrüstungen mit Knochen klappert und den Leuten magnetisch die Haare zu Berge stehen lässt.“

„Sehr gut“, sagte Spirit. „Und von mir kannst du lernen, wie man sich als grünes Froschgesicht von außen an die Wagenscheiben quetscht, wie man aus den Lampen Wasser spritzen lässt, Fahrscheine versteckt und Ketschup auf den Boden zaubert und noch vieles mehr."

Eben stiegen wieder viele Fahrgäste ein. „Sollen wir gleich mit meinem berühmten Geldtrick anfangen?", flüsterte das U-Bahn-Gespenst. „Pass auf, du weißt ja, wie geldgierig die Menschen sind." Es zog eine silbrig glänzende Münze aus der Hosentasche. „Die werfe ich jetzt in den Fahrscheinautomaten. Und dann schau mal, was passiert."

Kaum war die Münze in den Schlitz gefallen, da fing der Apparat an zu rattern und zu klingeln und plötzlich kullerten unten aus der Klappe die Geldstücke heraus, immer mehr und mehr. Sie rollten zwischen die Sitze und die Leute grapschten sich davon so viel sie konnten, traten sich auf die Füße und stießen sich die Köpfe. Aber oh weh! Sobald jemand ein Geldstück in die Hand nahm, verwandelte es sich in einen klebrigen Schleimklumpen, der von den Fingern nicht mehr abging und überall hängen blieb.

Nächste Station! Hand in Hand gingen die beiden Geister unauffällig zur Tür. „Viel Spaß noch!", kicherte Gisela, die Schreckhexe, als sie ausstiegen. Und Spirit ließ zum Abschluss ein krächzendes „Sorry!" durch den Lautsprecher hallen. Denn das sagen amerikanische U-Bahn-Gespenster immer, wenn sie etwas angestellt haben.

Wann ist die Gespensterstunde?

Kannst du schon bis 12 zählen? Wenn die Kirchturmuhr nachts 12-mal schlägt, beginnt für kleine Gespenster der Tag. Während du gemütlich in deinem Bett schläfst, tummeln sich die weißen Gestalten in verlassenen Burgen und Schlössern. Es wird erzählt, dass manche von ihnen mit großen Schlüsseln herumklappern und mit Ketten rasseln.

Hörst du nachts manchmal unheimliche Geräusche und fürchtest dich vor Gespenstern? Meistens ist es nur ein Dachbalken, der knarrt oder der brummende Kühlschrank. Wenn du trotzdem Angst hast, dann schau doch mal auf Seite 46 in diesem Buch nach. Dort bekommst du einen guten Tipp.

Gina Ruck-Pauquèt

Hannibal will endlich schlafen

Ich kann meine Zahnbürste nicht finden", sagt das kleine Nachtgespenst zu Hannibal, dem Mäuserich.

„Hm!", brummt Hannibal und zieht sich die Decke über die Ohren.

Suchend flattert das kleine Nachtgespenst umher. „Hast du sie nicht gesehen?", fragt es.

„Nein", sagt Hannibal. „Sei nicht so huscherig!"

„Aber wenn ich meine Zahnbürste nicht finde, kann ich mir die Zähne nicht putzen!", jammert das kleine Nachtgespenst.

„Kleines Nachtgespenst", sagt Hannibal, „ich habe den ganzen Tag genagt. Ich möchte nun schlafen!"

„Nie kann man mit dir reden", beklagt sich das kleine Nachtgespenst. „Dabei hätte ich so viele Fragen!" Es hockt sich auf Hannibals Bett und guckt ihn mit nachtgespenstergroßen Augen an. „Wo ist zum Beispiel der Mond, wenn er weg ist?"

„Er schläft", seufzt Hannibal.

„Und was macht die Eule am Tage?"

„Sie schläft", sagt Hannibal müde.

„Warum sind die Bäume immer so still?", will das kleine Nachtgespenst wissen.

„Sie schlafen", antwortet Hannibal und schließt die Augen, zuerst das linke und dann das rechte.

„Hannibal“, quengelt das kleine Nachtgespenst, „warum bist du so ekelhaft?“

„Ich schlafe!“, knurrt Hannibal ganz leise.

Das kleine Nachtgespenst zupft ein bisschen an seiner Decke herum, aber das hilft nicht. Da hat es einen großartigen Einfall. „Guten Abend, Kater Purr!“, sagt es ganz laut.

Mit einem Satz ist Hannibal, der Mäuserich, aus dem Bett und schon sitzt er oben auf dem Kleiderschrank.

„Wo?“, ruft er.

„Was?“, fragt das kleine Nachtgespenst scheinheilig.

„Wo ist das krallentatzige Ungeheuer?“ Man sieht ihm an, dass er Angst hat.

„Das hab ich doch bloß so gesagt“, erklärt das kleine Nachtgespenst. „Aus Langeweile.“

„Du bist ein ganz ungezogenes Flatternachthemd!“, brüllt Hannibal. „Ich will dich nie mehr sehen!“

„Ich dich auch nicht!“, schreit das kleine Nachtgespenst. Dann geht es zornig fort. „Hannibal ist nichts als ein grauer Pelzmantel ohne Seele“, denkt es. Vor lauter Wut spukt es in dieser Nacht in Burghausen, dass den Leuten im Schlaf die Zähne klappern. „Nie mehr gehe ich zurück!“, denkt das kleine Nachtgespenst. „Nie mehr!“

Es jammert und heult und rüttelt an den Fensterläden. Aber nach einer Weile wird es langsam müde. Es setzt sich in den Fliederstrauch und wird ganz still.

„Ich bin ein armes kleines Nachtgespenst“, denkt es. „Einsam und verlassen. Und nirgendwo gehöre ich hin.“

Traurig flattert es davon, weiter und immer weiter. Da merkt es plötzlich, dass es vor der Burg angekommen ist.

„Ich will mich bloß noch verabschieden“, denkt es. „Dann gehe ich für immer!“

Hannibal sitzt auf den Eingangsstufen. „Kleines Nachtgespenst!“, sagt er.

„Hannibal!“, sagt das kleine Nachtgespenst. „Oh Hannibal!“

„Ich habe solche Sehnsucht nach dir gehabt!“, sagen sie wie aus einem Mund.

Da wissen sie, dass sie zusammengehören. Und alles ist wieder gut.

Tilde Michels

Der geraubte Schlaf

Es war einmal ein reicher, kluger und gütiger König. Er war so reich, dass er in einem Schloss aus purem Gold wohnte, er war so klug, dass sich alle Gelehrten des Landes um ihn versammelten und ihn um Rat fragten, und er war so gütig, dass die Blumen und Gräser sich vor ihm neigten und die scheuen Tiere herbeikamen, wenn er durch die Wälder und über die Felder seines Landes ritt.

Aber trotzdem war der König nicht glücklich, denn seine einzige schöne Tochter, die er über alles liebte, hatte ein großes Unglück getroffen. Als die Prinzessin eines Tages mit ihrem goldenen Ball durch den Wald hüpfte, zertrat sie beim Spielen ganz ohne Absicht einen kleinen Fliegenpilz. Der Wurzelgeist, welcher Herr über alles ist, was im Walde wächst, wurde darüber so böse, dass er beschloss, sich zu rächen, und eines Nachts schlich er sich heimlich ins Schloss und raubte der Prinzessin ihren Schlaf. Die Prinzessin war erschreckt aufgewacht und hatte gerade noch den hässlichen braunen Wurzelgeist davoneilen sehen.

Da lag nun die arme Prinzessin in ihrem goldenen Bett mit brennenden Augen, die der Schlaf nicht mehr schloss, und wurde von Tag zu Tag blasser und elender. Der König ließ die berühmtesten Ärzte kommen, aber auch sie konnten der Prinzessin nicht helfen und bald ging die traurige Kunde durchs Land, dass die Prinzessin wohl sterben müsse, wenn ihr der

Schlaf nicht bald zurückgegeben würde. Der König schickte viele beherzte Männer in die Wälder um den Wurzelgeist zu fangen und ihm den Schlaf der Prinzessin wieder abzunehmen, aber niemand wusste, wo der Wurzelgeist wohnte, denn sein unterirdisches Reich war groß und in jedem Erdloch konnte er sich verstecken. Da wurde der König so verzweifelt, dass er versprach demjenigen, der seiner Tochter den Schlaf wiederbrächte, jeden Wunsch zu erfüllen und wenn er auch das ganze Königreich fordere.

Zu dieser Zeit wanderte ein Musikant durchs Land und eines Tages kam er auch an den königlichen Hof. Weil der König hoffte, seine Tochter mit Musik ein wenig aufheitern zu können, ließ er den Geiger zu sich führen und bat ihn der Prinzessin vorzuspielen. Und dieser spielte so schön, dass alle, die ihm zuhörten, ganz verzaubert waren. Auch die Prinzessin lächelte zum ersten Male wieder. Aber selbst die zartesten Töne der Geige konnten sie nicht in den Schlaf wiegen. Da wurde der Musikant traurig und beschloss der Prinzessin zu helfen.

Noch am gleichen Tage machte er sich auf um den Wurzelgeist zu suchen. Er wanderte drei Tage und drei Nächte durch den Wald, schaute in jedes Erdloch und unter jeden Stein, rief den Namen des Wurzelgeistes in die Lüfte und fragte jeden, der ihm begegnete, nach ihm, aber vergeblich. Müde und hungrig setzte er sich endlich am Fuß eines riesigen, hohlen Baumes nieder und um seine trüben Gedanken zu verscheuchen, geigte

er sich ein lustiges Lied. Da regte sich plötzlich etwas in dem hohlen Baumstumpf hinter ihm und aus dem Astloch schaute das braune, runzelige Gesicht eines kleinen Männchens hervor. Der Musikant wusste sofort, dass dies der Wurzelgeist sein musste, aber er ließ sich nichts anmerken.

„Was ist das für ein Ding, von dem die schönen Töne kommen?“, fragte der Wurzelgeist. „Ich möchte diesen braunen Kasten haben, was willst du dafür?“

Der Musikant bedachte sich, dann sagte er: „Zeig mir alles, was dir gehört, ich werde mir dann etwas aussuchen.“

Der Wurzelgeist lachte vergnügt: „Wenn du willst, können wir gleich gehen.“

Er klatschte in die Hände, da wurde am Fuß des Baumes eine Treppe sichtbar; die stiegen sie hinunter und immer tiefer und tiefer ging's hinab, bis sie endlich in einen großen Saal kamen, in dem überall Truhen und Kisten standen, angefüllt mit Perlen, Gold und Edelsteinen. Der Wurzelgeist hob einen Deckel nach dem anderen auf und fragte: „Willst du dies, willst du das?“

Aber der Geiger schüttelte jedesmal mit dem Kopf. „Nein, nein, meine Geige ist viel, viel kostbarer.“

Endlich kamen sie an das letzte Kästchen, das ganz aus Elfenbein geschnitzt war; als aber der Geiger seine Hand danach ausstreckte, rief der Wurzelgeist schnell: „Das kannst du nicht bekommen.“

Der Geiger bat jedoch, er möchte wenigstens sehen, was in dem Kästchen sei. Da öffnete der Wurzelgeist das Kästchen und der Musikant erblickte darin ein gläsernes Fläschchen und als er das Fläschchen herausnahm, schaute er in eine blaue, unendliche Tiefe, auf deren Grund goldene Träume tanzten. Es war der Schlaf der Prinzessin. „Wenn du meine Geige haben willst, musst du mir dieses Fläschchen geben", sagte der Geiger.

„Nein, nein", schrie der Wurzelgeist, „das kannst du nicht haben!"

Da stellte sich der Musikant mitten in den großen Saal, hob seine Geige ans Kinn und spielte die schönsten Weisen, die ihm einfielen. Als die ersten Töne erklangen, kamen Maulwürfe, Mäuse, Würmer, Käfer und viele, viele andere Tiere aus ihren Löchern hervorgekrochen und lauschten und er spielte, bis er vor Müdigkeit fast umfiel. „Bleib bei uns", flehten die Tiere. „Deine Musik bringt uns Freude in unser Leben hier unter der Erde, bleib bei uns mit deinem braunen Kasten."

„Das geht nicht", antwortete der Geiger, „ich bin doch ein Mensch und gehöre auf die Erde. Aber ich will euch meine Geige hierlassen, wenn mir der Wurzelgeist das kleine weiße Kästchen schenkt. Ihr müsst ihn nur darum bitten."

Das taten die Tiere, aber der Wurzelgeist hörte nicht auf sie, er hielt das Kästchen mit beiden Händen fest und schrie, dass er es nie herausgeben würde. Da wurden die Tiere böse. Die Maulwürfe drohten, dass sie alle Zugänge zur Erde zuschütten wollten, und die Mäuse wisperten, dass sie ihm keinen Wintervorrat mehr herbeischaffen und ihn verhungern lassen würden. Als der Wurzelgeist das hörte, bekam er Angst und es blieb ihm nichts anderes übrig, als dem Musikanten das Kästchen zu geben und ihn auf die Erde zurückzubringen.

Der Musikant eilte nun, so schnell ihn seine Füße trugen, nach dem königlichen Schloss zurück, wo er alle in tiefer Trauer fand, denn die Prinzessin lag still und weiß auf ihren Kissen und atmete kaum noch. Rasch nahm der Geiger das gläserne

Fläschchen aus dem Elfenbeinkasten und tröpfelte der Prinzessin den Schlaf in die Augen, da tat sie einen tiefen Seufzer und schlief acht Tage lang. Und als sie dann ausgeschlafen hatte und erwachte, war sie schöner und lieblicher als je zuvor.

Der König ließ den Geiger zu sich kommen, dankte ihm aus vollem Herzen und fragte ihn, welchen Wunsch er ihm erfüllen sollte. Da bat der Musikant um eine neue Geige, denn er hatte doch seine alte beim Wurzelgeist lassen müssen. Der König befahl sofort, dass man ihm die beste Geige im ganzen Land herbeischaffe, und er überreichte sie dem Musikanten. „Dein Wunsch ist sehr bescheiden“, sagte der König, „du hast für uns mehr getan, als wir dir jemals vergelten können.“

„Herr König“, antwortete der Musikant, „wenn ich mir noch etwas wünschen darf, so möchte ich hier am Hofe bleiben und der Prinzessin manchmal vorspielen. Ich bin des Herumziehens müde.“

„Eine größere Freude kannst du der Prinzessin nicht machen“, sagte der König. „Ich weiß, dass sie dich und deine Geige lieb gewonnen hat. Du sollst bei uns bleiben, aber nicht als Musikant, sondern ich will dich zu meinem Nachfolger machen und dir meine Tochter zur Frau geben.“

Da wurde dem armen Musiker ganz schwindlig vor Glück. Er fasste die Prinzessin bei der Hand und versprach von nun an ihren Schlaf zu bewachen, damit ihn niemand mehr stehlen könne – und sie lebten lange Jahre in Glück und Freude zusammen.

Hans Christian Andersen

Die Prinzessin auf der Erbse

Es war einmal ein Prinz, der wollte eine Prinzessin heiraten, aber es sollte eine wirkliche Prinzessin sein. Da reiste er in der ganzen Welt herum, um eine solche zu suchen, aber überall war etwas im Wege. Prinzessinnen gab es genug, aber ob es wirkliche Prinzessinnen waren, konnte er nicht herausfinden. Immer war etwas, was nicht so ganz in Ordnung war. Da kam er wieder nach Hause und war ganz traurig, denn er wollte doch so gerne eine wirkliche Prinzessin haben.

Eines Abends zog ein schreckliches Gewitter auf; es blitzte und donnerte, der Regen strömte herunter, es war ganz entsetzlich! Da klopfte es an das Schlosstor, und der alte König ging hin, um aufzumachen.

Es war eine Prinzessin, die draußen vor dem Tore stand. Aber, o Gott! Wie sah die von dem Regen und dem bösen Wetter aus! Das Wasser lief ihr von den Haaren und Kleidern herunter; es lief in die Schnäbel der Schuhe hinein und an den Hacken wieder heraus. Und doch sagte sie, dass sie eine wirkliche Prinzessin sei.

Ja, das werden wir schon erfahren! dachte die alte Königin. Aber sie sagte nichts, ging in die Schlafkammer hinein, nahm alle Betten ab und legte eine Erbse auf den Boden der Bettstelle; darauf nahm sie zwanzig Matratzen und legte sie auf die Erbse

und dann noch zwanzig Eiderdaunendecken über die Matratzen. Da musste nun die Prinzessin die ganze Nacht liegen. Am Morgen wurde sie gefragt, wie sie geschlafen habe.

„Oh, schrecklich schlecht!“, sagte die Prinzessin. „Ich habe meine Augen fast die ganze Nacht nicht geschlossen! Gott weiß, was da im Bett gewesen ist! Ich habe auf etwas Hartem gelegen, so dass ich ganz braun und blau an meinem ganzen Körper bin! Es ist ganz entsetzlich!“

Nun sahen sie ein, dass sie eine wirkliche Prinzessin war, da sie durch die zwanzig Matratzen und die zwanzig Eiderdaunendecken hindurch die Erbse gespürt hatte. So empfindlich konnte niemand sein als eine wirkliche Prinzessin.

Da nahm der Prinz sie zur Frau, denn nun wusste er, dass er eine wirkliche Prinzessin besitzt; und die Erbse kam auf die Kunstkammer, wo sie noch zu sehen ist, wenn niemand sie gestohlen hat.

Sieh, das war eine wahre Geschichte.

Wenn du nicht einschlafen kannst ...

Kennst du die Prinzessin auf der Erbse? Obwohl sie auf vielen weichen Matratzen und Kissen liegt, kann sie einfach nicht einschlafen. Vielleicht kannst du auch manchmal nicht schlafen und liegst hellwach in deinem Bett. Ob das Sandmännchen dich vergessen hat?

Probiere doch einmal folgende Tricks: Blättere noch ein bisschen in deinem Lieblingsbuch oder denk dir eine lustige Geschichte aus. Wenn das alles nichts nützt, kannst du auch „Schäfchenzählen“: Mach die Augen zu und stell dir lauter kleine weiße Schafe vor, die nacheinander über einen Zaun springen. Sieh dabei genau zu, wie die Schafe angetrappelt kommen. Wenn alle Schäfchen über den Zaun gehüpft sind, bist du bestimmt schon lange eingeschlafen ...

Helme Heine

König Hupf der Erste

Es war einmal ein König. Er lebte in einer mächtigen Burg in einem großen Land. Er hatte so viel Arbeit, dass er nie Zeit für Spaß und Spiele fand. Deswegen hatte er auch keinen Freund.

Spät in der Nacht, wenn alle Bewohner des Landes schon fest schliefen, zog er sich auch in sein königliches Schlafgemach zurück. Sein Kopf war angefüllt mit Sorgen, die ihn nicht einschlafen ließen; es sei denn, er konnte ein wenig in seinem Bett hüpfen. So kletterte er auf einen der elfenbeinernen Bettpfosten und hüpfte kopfüber in die seidenen Kissen. Immer und immer wieder. Eines Nachts beobachtete ihn ein neugieriger Minister durch das goldene Schlüsselloch, und am nächsten Tag wusste es das ganze Land: Der König hüpft nachts im Bett! Sogar die Tiere des Königs flüsterten es einander zu.

Besorgt traten Minister, Edle und Weise des Hofes zusammen. Sie beschlossen, dass es unter der Würde eines Königs sei, im Bett Purzelbäume zu schlagen. So blieb dem König nichts anderes übrig, als ein Gesetz zu unterschreiben, dass niemand im ganzen Land des Nachts im Bett hüpfen dürfe, nicht einmal der König.

Er wurde sehr traurig und wanderte ruhelos in mondhellen Nächten durch seine Parks. Er fand keinen Schlaf mehr. Die Sorgen drückten ihn so sehr, dass er schwer erkrankte. Die weisesten und berühmtesten Ärzte wurden an sein Krankenlager gerufen, aber ihre Medizin versagte. Als die Stunde des Todes näher rückte, richtete der König eine letzte Bitte an seine Minister: „Lasst mich noch einmal hüpfen!“ Behutsam wurde er auf den elfenbeinernen Bettpfosten gehoben, da er sehr schwach geworden war. Dann hüpfte der König. Während er durch die Luft flog, lächelte er.

„Der König hat gelächelt!“, riefen die Ärzte, und gleich durfte er ein weiteres Mal hüpfen. Dann noch einmal und noch einmal, und je öfter er hüpfte, desto fröhlicher und stärker fühlte er sich. Er sah so glücklich aus, dass plötzlich auch die Ärzte zu hüpfen begannen, danach die Minister, und zuletzt hüpfte der ganze Hofstaat. Dann hüpfte die Stadt und das ganze Volk. Alle lachten und weinten vor Freude und riefen: „Lang lebe unser König Hupf!“

Text: Nortrud Boge-Erli / Melodie: Dorothée Kreusch-Jacob

Tief in meinem Kuschelnest

2. Tief in meinem Kuschelnest
denk ich, was sich denken lässt.
Stimmenklang und Wörterrest,
Lachen auch vom Kinderfest
hör nur ich, nur ich allein,
es soll mein Geheimnis sein.

3. Bilder tanzen wie gedruckt,
Fernsehn hat sie ausgespuckt,
von Verbrechern was geguckt,
sprech und spiel, was ich geschluckt.
Spiel und sprech für mich allein,
es soll mein Geheimnis sein.

4. Träume schleichen katzensacht
tief in meine Kuschelnacht.
Alles ist jetzt ausgedacht,
hab die Augen zugemacht.
Mama kommt zu mir herein,
schmus mit ihr, dann schlaf ich ein.

Brüder Grimm

Die Wichtelmänner

Es war ein Schuster ohne seine Schuld so arm geworden, dass ihm endlich nichts mehr übrig blieb als Leder zu einem einzigen Paar Schuhe. Nun schnitt er am Abend die Schuhe zu, die er den nächsten Morgen in Arbeit nehmen wollte; und weil er ein gutes Gewissen hatte, so legte er sich ruhig zu Bett, empfahl sich dem lieben Gott und schlief ein.

Morgens, nachdem er sein Gebet verrichtet hatte, und sich zur Arbeit niedersetzen wollte, standen die beiden Schuhe ganz fertig auf seinem Tisch. Er wunderte sich und wusste nicht, was er dazu sagen sollte. Er nahm die Schuhe in die Hand, um sie näher zu betrachten. Sie waren so sauber gearbeitet, dass kein Stich daran falsch war, gerade als wenn es ein Meisterstück sein sollte.

Bald darauf trat auch schon ein Käufer ein, und weil ihm die Schuhe so gut gefielen, so bezahlte er mehr als gewöhnlich dafür, und der Schuster konnte von dem Geld Leder für zwei Paar Schuhe erstehen.

Er schnitt sie abends zu und wollte den nächsten Morgen mit frischem Mut an die Arbeit gehen, aber er brauchte es nicht, denn als er aufstand, waren sie schon fertig, und es blieben auch nicht die Käufer aus, die ihm so viel Geld gaben, dass er Leder für vier Paar Schuhe einkaufen konnte.

Er fand frühmorgens auch die vier Paar fertig; und so ging's immerfort: Was er abends zuschnitt, das war am Morgen verarbeitet, so dass er bald wieder sein ehrliches Auskommen hatte und endlich ein wohlhabender Mann ward.

Eines Abends, nicht lange vor Weihnachten, als der Mann wieder zugeschnitten hatte, sprach er vor dem Schlafengehen zu seiner Frau: „Wie wär's, wenn wir diese Nacht aufblieben, um zu sehen, wer uns solche hilfreiche Hand leistet?" Die Frau war einverstanden und steckte ein Licht an. Dann verbargen sie sich in den Stubenecken hinter den Kleidern, die da aufgehängt waren, und gaben Acht.

Als es Mitternacht war, da kamen zwei kleine, niedliche, nackte Männlein, setzten sich vor des Schusters Tisch, nahmen alle zugeschnittene Arbeit zu sich und fingen an, mit ihren Fingerlein so behänd und schnell zu stechen, zu nähen, zu klopfen, dass der Schuster vor Verwunderung die Augen nicht abwenden konnte. Sie ließen nicht nach, bis alles zu Ende gebracht war und fertig auf dem Tisch stand, dann sprangen sie schnell fort.

Am andern Morgen sprach die Frau: „Die kleinen Männer haben uns reich gemacht, wir müssten uns doch dankbar dafür zeigen. Sie laufen so herum, haben nichts am Leib und müssen frieren. Weißt du was? Ich will Hemdlein, Rock, Wams und Höslein für sie nähen und auch jedem ein Paar Strümpfe stricken; mach du jedem ein Paar Schühlein dazu."

Der Mann sprach: „Damit bin ich einverstanden", und abends, als sie alles fertig hatten, legten sie die Geschenke statt der zugeschnittenen Arbeit zusammen auf den Tisch und versteckten sich dann um mit anzusehen, wie sich die Männlein dazu anstellen würden.

Um Mitternacht kamen sie herangesprungen und wollten sich gleich an die Arbeit machen. Als sie aber kein zugeschnittenes Leder, sondern die niedlichen Kleidungsstücke fanden, wunderten sie sich erst, dann aber zeigten sie eine gewaltige Freude. Mit der größten Geschwindigkeit zogen sie sich an, strichen die schönen Kleider am Leib und sangen:

„Sind wir nicht Knaben glatt und fein?
Was sollen wir länger Schuster sein!"

Dann hüpften und tanzten sie und sprangen über Stühle und Bänke. Endlich tanzten sie zur Tür hinaus, und von nun an kamen sie nicht wieder. Dem Schuster aber ging es wohl, solange er lebte, und es glückte ihm alles, was er unternahm.

Gina Ruck-Pauquèt

Der kleine Nachtwächter und das Schlaflied

Eines Abends – der Himmel hatte schon sein schwarzes Nachthemd übergezogen – ging der kleine Nachtwächter mit seiner Laterne durch die stillen Gassen.

Alles schien in Ordnung zu sein. Die Blumen hatten die Blütenblätter gefaltet, die Bäume standen an ihren Plätzen, und die Fledermäuse schlugen eben die Augen auf.

Doch der kleine Nachtwächter musste schließlich auch wissen, ob mit den Leuten alles in Ordnung war, und so schaute er in die Fenster der Häuser.

Die Leute lagen in ihren Betten und schliefen. Die Blumenfrau hatte die Decke so hochgezogen, dass man gerade noch die Spitze ihrer Nase sah.

Der Drehorgelmann lächelte vor sich hin. Vielleicht träumte er eine besonders hübsche Melodie, wer weiß?

Der Bauer schnarchte. So sehr schnarchte er, dass die Äpfel auf dem Kleiderschrank zitterten.

Das Mädchen mit den Luftballons aber sah im Schlaf rosig aus wie pures Marzipan.

Doch als der kleine Nachtwächter an das Haus des Dichters kam, sah er den Dichter am Fenster sitzen.

„Warum schläfst du nicht?“, fragte der kleine Nachtwächter.

„Ich kann nicht“, antwortete der Dichter.

Da schloss der kleine Nachtwächter seine Augen, damit er besser nach innen sehen konnte, und dachte nach.

Der Dichter ist traurig, weil er nicht schlafen kann, so dachte er. „Lass mich herein“, sagte der kleine Nachtwächter entschlossen. „Ich will dir ein Schlaflied singen.“

Und er ging hinein, setzte sich zu dem Dichter ans Bett und sang ihm etwas vor.

Der kleine Nachtwächter sang und sang, und dann sang er immer ein bisschen leiser – bis er plötzlich eingeschlafen war.

Der Dichter aber lächelte, und er ließ den kleinen Nachtwächter schlafen. Er nahm die Laterne, setzte sich die Nachtwächtermütze auf und ging hinaus.

Langsam durchwanderte er die Gassen. Wie ist es doch schön, ein Nachtwächter zu sein, dachte der Dichter.

Und er war die ganze Nacht lang glücklich.

Wer ist nachts unterwegs?

Stell dir vor: Wenn du abends ins Bett gehst, werden andere Lebewesen erst richtig munter. Zum Beispiel die Fledermäuse! Sie schlafen tagsüber auf einsamen Dachböden oder in Glockentürmen. Dabei benützen sie ihre Flügel als Bettdecke und hängen mit dem Kopf nach unten in der Luft. Nachts gehen die Fledermäuse auf Beutefang. Auch die Eule klettert in der Dunkelheit aus ihrer Baumhöhle und schwingt sich in die Lüfte, um nach Mäusen Ausschau zu halten.

Es gibt auch Menschen, die nachts wach sind. Polizisten fahren durch die Straßen und bewachen die Häuser. Und im Krankenhaus arbeiten Ärzte und Schwestern.

Kennst du noch jemanden, der nachts unterwegs ist?

Rudolf Neumann

Nesthupferl für einen kleinen Uhu

Heute darfst du fliegen lernen!", sagte die Uhumutter eines Nachts zu ihrem Uhujungen. Fliegen lernen – das wünschte sich der kleine Uhu schon seit langem. Und als der Morgen graute, da hatte der kleine Uhu das Fliegen tatsächlich recht gut gelernt.

„Puh, war das eine anstrengende Nacht!", gähnte die Uhumutter. „Jetzt aber nichts wie ins Nest!"

„Ich bin aber noch gar nicht müde!", behauptete der kleine Uhu.

„Ich weiß, ich weiß!", erwiderte die Uhumutter. „Aber es ist schon sehr früh, gleich wird die Sonne aufgehn. Doch weil du so tüchtig warst, erzähle ich dir rasch noch ein Nesthupferl!"

„Was ist das, ein Nesthupferl?", fragte der kleine Uhu gespannt.

„Ein Nesthupferl ist eine Guten-Tag-Geschichte, nach der mein kleiner Spatz besser einschlafen wird."

„Ich bin kein kleiner Spatz!", erklärte der kleine Uhu. „Ich bin ein großer Uhu!"

„Ich weiß, ich weiß!", sagte die Uhumutter: „Pass einmal auf! Es war einmal ein kleines Mädchen ..."

„Was ist das, ein Mädchen?", unterbrach der kleine Uhu.

„Ein Mädchen ist ein kleiner Mensch."

„Was ist ein Mensch?"

„Ein Mensch ist jemand, der immer auf zwei Beinen geht und dafür keine Flügel hat."

„Wie kann er denn dann fliegen?", wunderte sich der kleine Uhu.

„Er kann ja eben gar nicht fliegen", belehrte ihn die Uhumutter. „Aber die Menschen sind geschickt. Sie haben sich künstliche Vögel gebaut. Die haben einen hohlen Bauch. Und da hinein schlüpfen die Menschen. Sie fliegen in den hohlen Vögeln geradeso, als ob sie selber Flügel hätten. Verstehst du das?"

Der kleine Uhu rührte sich nicht.

„Schläfst du schon?“, flüsterte die Uhumutter.

„Nein“, sagte nachdenklich der kleine Uhu. „Ich überlege mir gerade, ob Mäuse fliegen können.“

„Mäuse?“, fragte die Uhumutter verwirrt. „Wie kommst du denn mit einem Mal auf Mäuse? Natürlich nicht.“

„Mein Bauch ist auch ganz hohl“, behauptete der kleine Uhu. „Wenn du mir jetzt eine kleine Maus bringst, dann könnte sie da hineinschlüpfen und mit mir fliegen, wenn sie will.“

„Ja, morgen!“, lächelte die Uhumutter. „Morgen ist auch noch eine Nacht. Wenn du mich noch mal unterbrichst, erzähl ich die Geschichte nicht zu Ende. Also: Es war einmal ein kleines, kleines Mädchen, das wohnte mit seinen Eltern an einem Seeufer. Am Ufer lag ein Segelboot. Eines Tages stieg das Mädchen in das Boot und der Wind trieb es aufs Wasser hinaus. Sie kamen bis zu einer Insel, und auf der Insel stand ein Schloss, und an dem Schloss war ein Turm, und in dem Turm war ein Loch, und in dem Loch, da saß ein großer, großer Uhu ...“

„... und das war ich!“, behauptete der kleine Uhu zufrieden. Aber dann wollte er noch etwas wissen: „Was ist ein Turm? Was ist ein Schloss? Und was ist eine Insel? Und was ist ein Segelboot?“ Das waren viele Fragen auf einmal, aber eine Antwort bekam er nicht mehr. Seine Mutter war nämlich eingeschlafen. Da kuschelte er sich eng an sie und machte auch die Augen zu.

Gina Ruck-Pauquèt

Der kleine Zoowärter und die Fledermäuse

An einem frühen Morgen kommen die Fledermäuse. Sie huschen im Zimmer des kleinen Zoowärters herum, bis er endlich aufwacht.

„Guten Tag“, sagt er verschlafen. „Nett, dass ihr mich besucht.“

„Wir besuchen dich nicht“, piepst die Oberfledermaus. „Wir sind in großer Verzweiflung.“

Und da merkt der kleine Zoowärter, dass die Fledermäuse schrecklich aufgeregt sind.

„Das alte Schloss ist abgerissen worden!“ berichten sie ihm. „Dort haben wir seit vielen Generationen gelebt! Jetzt sind wir obdachlos.“

„Oh, du große Not!“, sagt der kleine Zoowärter. „Was nun?“

Er bietet den Fledermäusen an, in seinem Zimmer zu übernachten. Doch so einfach ist das nicht.

„Wir übernachten nie“, sagt die Oberfledermaus. „Nachts jagen wir. Wir brauchen einen Platz zum Übertagen. Aber wir können nur schlafen, wenn wir mit dem Kopf nach unten hängen.“

Lange denkt der kleine Zoowärter nach. Dann läuft er in die Zoowaschküche, wo die Decken für die Pferde gewaschen werden, die Giraffenhalstücher und die Pantoffeln vom Wolf. Er wickelt die lange Wäscheleine auf und nimmt sie mit. Dann spricht er mit den anderen Tieren.

„Fledermäuse machen keinen Lärm“, erklärt er. „Nachts sind sie sowieso nicht da, und am Tage schlafen sie.“

„Na schön“, sagt schließlich der Elefant, der sehr freundlich ist. „Wenn sie nicht schnarchen, sollen sie bei mir einziehen.“

„Oh, danke!“, ruft der kleine Zoowärter. Im hintersten Winkel des Elefantengeheges, da, wo es dämmerig ist, spannt er die Wäscheleine aus.

Dann holt er die Fledermäuse.

Bald hängen sie da, die Köpfe nach unten, und schlafen. Geschnarcht haben sie bis jetzt nicht. Oder vielleicht doch? Aber dann schnarchen sie so leise, dass selbst der Elefant es nicht hört. Und der hat die größten Ohren.

Wie schläft der Vogel auf dem Baum?

Vögel sitzen oft auf dünnen Ästen und fallen nicht hinunter. Wie machen sie das bloß nachts, wenn sie schlafen? Stell dir vor, du müsstest im Stehen auf einem schmalen Holzbrett schlafen!

Vögel wenden einen raffinierten Trick an, um sich auf der Stange zu halten: Sobald sie sich niedergelassen haben, ziehen sich ihre Zehen wie ein Gummiband fest um den Ast zusammen. Die kleinen Piepmätze drücken ihr ganzes Körpergewicht fest gegen den Ast und sitzen so ganz sicher auf ihrem Schlafplatz.

Erst wenn sie ein paar Mal mit den Flügeln schlagen, lösen sich die Zehen und sie können ausgeruht losfliegen.

Ursel Scheffler

Fledermaus-Luftpost

Zerealda Fledermaus
trägt die Post im Walde aus.
Ein Paket für Vater Specht
kommt zum Geburtstag eben recht.

Ein Telegramm für Oma Meise?
Die freut sich sehr und singt ganz leise.
Der Liebesbrief aus Portugal
ist sicher für Frau Nachtigall.

Der Häher stürzt mit viel Geschrei
sich auf die Karte aus Hawaii.
Und für Wilhelm August Dachs
hat Zerealda heut ein Fax.

Frau Schmetterling ist ganz entzückt,
dass Mottenmax ein E-Mail schickt.
Das Päckchen kriegt der Auerhahn,
der es kaum erwarten kann.

Die Zeitung ist für Robert Hase,
der setzt die Brille auf die Nase,
denn er ist sehr interessiert,
was in der weiten Welt passiert.

„Bis Morgen!“, ruft die Fledermaus.
„Die Sonne kommt, ich muss nach Haus!“
Dann flattert sie, so schnell sie kann,
zu Flederkind und Fledermann.

Text: Nortrud Boge-Erli / Melodie: Dorothée Kreusch-Jacob

Ich will ein Vogel sein

2. Ich breite meine Schwingen,
ich will ein Vogel sein.
Kann hüpfen hoch und springen
und mit den Vögeln singen.
Drum laden sie mich ein.

3. Ich segle mit den Staren,
ich Menschenvogelkind,
will meine Kräfte sparen,
mit Schwalben, Möwen fahren.
Es trägt uns ja der Wind.

4. Ich fliege mit den Winden,
breit' meine Schwingen weit.
Im Duft von Kraut und Linden
werd' ich mein Nestlein finden.
Im Vogelfederkleid.

5. Ich sinke langsam nieder
im Vogelfederkleid
zum Nest. Dort land' ich wieder,
summ' leise Vogellieder,
die andern ziehen weit.

Gina-Ruck-Pauquèt

Der kleine Stationsvorsteher und der Flugzeugtraum

Meistens ist der kleine Stationsvorsteher zufrieden mit sich und der Welt. Er lässt die Züge ein- und wieder ausfahren, und wenn er den Bahnsteig entlanggeht, lächeln ihm die Leute zu.

Eines Tages aber wird er auf die Flugzeuge aufmerksam, die am Himmel entlangziehen.

„Die Flugzeuge reisen nach Tokio“, denkt der kleine Stationsvorsteher, „nach New York und Nevada. Meine Züge fahren immer nur von einem Dorf zum anderen und höchstens bis in die nächste Stadt.“ Da fängt er an, sein Leben langweilig zu finden, und er wird immer unzufriedener.

Was er nur hat, denken die Leute, die ihn täglich sehen.

„Träumst du schlecht?“, fragt die dicke Pflaumenbäuerin eines Abends. Der kleine Stationsvorsteher schweigt. Die Dämmerung sinkt hernieder, und als es dunkel ist, kann er die Lichter der Flugzeuge sehen. Lange sitzt er vor seinem Haus, bis er endlich ins Bett geht.

Dann träumt er, dass er in ein Flugzeug einsteigt und fliegt. Es ist genauso schön, wie er es sich immer vorgestellt hat. Vielleicht ist es sogar noch schöner. Zwischen weißen Wattewolken geht es

im Sonnenschein dahin. Der kleine Stationsvorsteher ist sehr glücklich.

Doch als das Flugzeug ein wenig tiefer fliegt, erblickt er plötzlich unten auf der Erde einen wunderbaren Platz – einen kunterbunten Garten, ein Häuschen und eine spielzeugkleine Eisenbahn.

„Da möchte ich sein“, sagt der kleine Stationsvorsteher. „Ich will, dass wir landen!“, ruft er. Doch das Flugzeug fliegt immer weiter. Der kleine Stationsvorsteher schreit und bittet und bettelt. Es hilft alles nicht. Da fängt er an zu weinen. Und weil davon sein Kopfkissen nass wird, wacht er schließlich auf. Er geht hinaus und begreift, dass er an dem wunderbaren Platz ist, den er vom Flugzeug aus gesehen hat.

Vielleicht muss man erst mal von zu Hause fort, um zu erkennen, wie gut man es hat, denkt der kleine Stationsvorsteher. Und sei es nur im Traum.

Heinrich Hoffmann

Die Geschichte vom fliegenden Robert

Wenn der Regen niederbraust,
Wenn der Sturm das Feld durchsaust,
Bleiben Mädchen oder Buben
Hübsch daheim in ihren Stuben. –
Robert aber dachte: Nein!
Das muss draußen herrlich sein! –
Und im Felde patschet er
Mit dem Regenschirm umher.

Hui, wie pfeift der Sturm und keucht,
Dass der Baum sich niederbeugt!
Seht! Den Schirm erfasst der Wind,
Und der Robert fliegt geschwind
Durch die Luft so hoch, so weit;
Niemand hört ihn, wenn er schreit.
An die Wolken stößt er schon,
Und der Hut fliegt auch davon.

Schirm und Robert fliegen dort
Durch die Wolken immer fort.
Und der Hut fliegt weit voran,
Stößt zuletzt am Himmel an.
Wo der Wind sie hingetragen,
Ja! Das weiß kein Mensch zu sagen.

Kannst du fliegen?

Hast du auch schon einmal davon geträumt, wie ein Vogel durch die Luft zu gleiten? Über den Wunsch vom Fliegen gibt es viele Geschichten.

Einmal baute sich ein Mann namens Ikarus Flügel aus Federn und Wachs. Er flog damit höher und höher, bis er beinahe die Sonne berührte. Da schmolz das Wachs seiner Flügel und Ikarus stürzte zurück auf die Erde.

Heute gibt es viele moderne Flugzeuge, mit denen du beinahe überallhin fliegen kannst. Raketen bringen die Menschen sogar bis zum Mond!

Und weißt du was? Nachts kannst du manchmal ganz alleine fliegen. Stell dir vor, du sitzt auf dem Rücken eines fröhlichen Drachen und reist mit ihm ins Land der Träume ...

Martina Gürth

Die Traumgeschichte

Es war einmal eine kleine Ameise, die war schon so viele Tage alt, wie Finger an einer Menschenhand sind.

Manchmal, wenn die Ameise sauer war, konnte sie sehr laut brüllen. Fast so laut wie ein Löwe. Und heute abend war sie stinksauer. Zuerst hatte sie nur *ein* Bonbon bekommen und nicht zwei. Und jetzt sollte sie auch noch ins Bett gehen, obwohl sie gar nicht müde war.

„Ich will noch spielen", brüllte die kleine Ameise.

„Komm, meine Süße, beruhige dich", sagte die Ameisenmutter. „Es ist schon sehr spät. Du musst jetzt wirklich schlafen gehen!"

Die kleine Ameise legte sich in ihr Bettchen, aber sie war noch so wütend, dass sie gar nicht einschlafen konnte. Sie schimpfte vor sich hin: „Ich wünschte, ich wäre weit weg von hier. In einem Land, wo Kinder alles machen dürfen, was sie wollen." Sie stellte sich vor, wie sie aus einer Nussschale ein Schiffchen bauen würde, um damit loszufahren. Ganz weit weg, bis ins Kinderland.

Das Schiffchen schwamm lange, lange Zeit übers Meer. Der Wind trieb es voran. Eines Morgens war Land in Sicht.

„Oh, eine Insel", rief die kleine Ameise aufgeregt und steuerte dem Ufer entgegen. Dort angekommen, sprang sie aus ihrem Schiffchen und schaute sich neugierig um. Da flog auf einmal ein Vogelkind herbei und piepste: „Komm, steig auf meinen

Rücken. Ich bringe dich ins Kinderland!" Schnell kletterte die Ameise auf seinen Rücken. Dann flogen sie los. Hoch und immer höher. Sie schwebten über die Berge und über die Wolken. Endlich landeten sie wieder auf der Erde. Das Vogelkind führte die kleine Ameise zu einem großen Tor. Sie klopften an, und das Tor öffnete sich: Sie waren im Kinderland angekommen!

Wunderschöne Musik war zu hören. Die Luft roch nach Rosenblüten und Vanillepudding.

Überall waren Tierkinder zu sehen. Sie lachten und tanzten und spielten. Manche sangen Lieder und schlugen Trommeln dazu. Ein paar Elefantenkinder fuhren auf einem Kinderkarussell immer im Kreis herum. Andere rasten mit kleinen Rennautos die Straßen entlang. Sogar einen Zirkus gab es.

Überall wuchsen Bäume, an denen süße Früchte und Honigbonbons hingen. Die Tierkinder durften davon essen, so viel sie wollten.

In der Mitte des Kinderlandes stand ein prächtiges Schloss. Darin wohnte die Kinderprinzessin. Sie tat den ganzen Tag nichts anderes, als Geschenke an die Tierkinder zu verteilen.

Sie verschenkte Bilderbücher und Hopsbälle, Spielzeugautos und Kuschelpuppen, Malfarben und Trompeten. Und noch vieles, vieles mehr.

Auch das Ameisenkind ging zur Kinderprinzessin. „Ich wünsche mir eine schnelle Lokomotive, die so groß ist, dass ich mich hineinsetzen kann. Und ich wünsche mir eine kleine liebe Schmusepuppe."

Die Kinderprinzessin pustete dreimal in die Hände. Schon waren die Geschenke da.

„Ich danke dir“, rief die Ameise, nahm die Schmusepuppe in die Arme, setzte sich in die Lokomotive und fuhr glücklich weiter. Es gab so viel zu entdecken im Kinderland.

Aber schließlich hatte sich die kleine Ameise alles angeschaut. Sie hatte mit den anderen zusammen gespielt. Sie hatte gelacht und getanzt und Bonbons gegessen. Sie war sehr zufrieden und dachte: ‚Meine Eltern werden staunen, wenn ich ihnen erzähle, was ich hier im Kinderland alles erlebt habe.‘ Da bekam sie plötzlich große Sehnsucht nach ihrer Mama, nach ihrem Papa und nach ihrem Zuhause.

Also kletterte die kleine Ameise auf einen hohen Baum. Von dort aus wollte sie Ausschau halten nach ihrem Schiffchen, das sie am Ufer zurückgelassen hatte. „Mein Schiffchen wird mich über das große, weite Meer bis nach Hause bringen“, sagte sie leise. Plötzlich kam ein starker Wind auf. Ein heftiger Windstoß wehte der kleinen Ameise ins Gesicht. Sie verlor den Halt und stürzte in die Tiefe. Sie fiel und fiel und fiel. Dann landete die kleine Ameise weich auf dem Wollteppich, der vor ihrem Bettchen lag.

Die kleine Ameise rieb sich die Augen und weinte ein wenig. Gleich kamen die Ameiseneltern herbeigelaufen. „Oh je! Unsere Süße ist aus dem Bett gefallen!“, riefen sie und nahmen ihr Kind in die Arme. Die kleine Ameise lächelte ihre Eltern an und sagte: „Ratet mal, wo ich gewesen bin! Ich habe euch eine Menge zu erzählen!“

Erwin Moser

SULTAN MUDSCHI

Der dicke Kater Mudschi war Sultan von Gurudschistan, als dort noch Katzen statt Menschen lebten. Das muss lange her sein, weil sich niemand daran erinnern kann, nicht einmal die Katzen. Aber ich kann mich erinnern, und deswegen erzähle ich jetzt diese Geschichte. Sultan Mudschi hatte in seinem Palast eine riesige Schatzkammer, die vollgefüllt war mit vielen Kisten voll Geschmeide und kostbaren Gegenständen. Darunter befanden sich auch fünfhundertdreiundsechzig goldene, edelsteinbesetzte Wasserpfeifen. Jede dieser Wasserpfeifen sah anders aus, eine war schöner als die andere. Sultan Mudschi war ein leidenschaftlicher Wasserpfeifenraucher. Jeden Tag probierte er eine andere aus. Er saß dabei auf seinem dicken blauen Kissen und paffte vor sich hin.

Eines Tages, als er gerade die ersten Züge aus einer goldenen, mit blauen Edelsteinen besetzten Wasserpfeife getan hatte, hob sich plötzlich das Kissen, auf dem er saß, in die Luft und schwebte durch das Palastfenster hinaus. Sultan Mudschi war entzückt! Er wusste sofort, dass diese Wasserpfeife eine Zauberwasserpfeife war, mit der man fliegen konnte, wenn man daraus rauchte.

Mudschi ließ am nächsten Tag das ganze Katzenvolk im Hof des Palastes zusammenrufen. Dann setzte er sich auf sein Kissen, paffte aus der Zauberpfeife und schwebte eine Runde über den Köpfen der erstaunten Katzen. Das machte ihm mächtig Spaß!

Unter den Zuschauern befand sich auch ein Fuchs. Dieser Fuchs war ein Zauberer. Als er Sultan Mudschi so mit der Pfeife fliegen sah, beschloss er, sie ihm wegzunehmen. Der Fuchs beobachtete den Sultan einige Tage lang und stellte fest, dass Mudschi jedes Mal eine Runde durchs Gebirge flog. Der Fuchs kletterte daraufhin ins Gebirge und lauerte Sultan Mudschi auf. Und da kam der Kater auch schon angeflogen! Der Fuchs holte seinen Zauberstab hervor und flüsterte einen bösen Zauberspruch: „Hokuspokus Mäusedreck, Mudschis Pfeife, die ist weg! Mudschis Pfeife, die ist mein, schwebt zu mir her, ganz allein! Und der Mudschi, zack, tschinbumm, fällt mit seinem Kissen um!"

Und was passierte, als dieser Zauberspruch ausgesprochen war? – Gar nichts passierte. Es wäre auch zu dumm gewesen, wenn so ein blöder Zauberspruch gewirkt hätte!

Michael Ende

Ein Zauberspruch gegen böse Träume

Ene bene subtrahene!
Keine Angst und keine Träne!
Schon ist alles nicht mehr schwer.

Böse Träume, lasst euch sagen:
Euch kann jedes Kind verjagen!
Kommt nur ja nicht zu mir her!

Um ein Ende euch zu machen,
brauch' ich ja nur aufzuwachen
und schon gibt es euch nicht mehr!

Soll ich euch nicht so behandeln,
müsst ihr euch sofort verwandeln:
Gute Träume mag ich sehr!

Seid ihr gut, dann dürft ihr bleiben.
Seid ihr bös, wird euch vertreiben:
Ene bene timpe teer!

Was sind Albträume?

Was ist das nur, wenn nachts unheimliche Wesen in deinem Zimmer herumstreunen und merkwürdige Schatten an den Wänden flackern?

Manchmal wachst du mitten in der Nacht auf und hast plötzlich große Angst. Dann hattest du bestimmt einen bösen Traum. Sobald dich deine Mama und dein Papa in den Arm nehmen, sind alle schlimmen Gestalten schnell vergessen. Es war nur deine Fantasie, die dir einen Streich gespielt hat.

Wenn du einen Albtraum hast, kannst du auch einfach schnell das Licht anschalten. Gleich sieht alles ganz normal und vertraut aus. Und da hinten in der Ecke zwinkert dir dein Teddybär fröhlich zu. Nimm ihn am besten mit unter deine Bettdecke und kuschele ein bisschen mit ihm!

Text: *Josef Guggenmos* / Melodie: *Dorothée Kreusch-Jacob*

Am Abend geistern Schatten

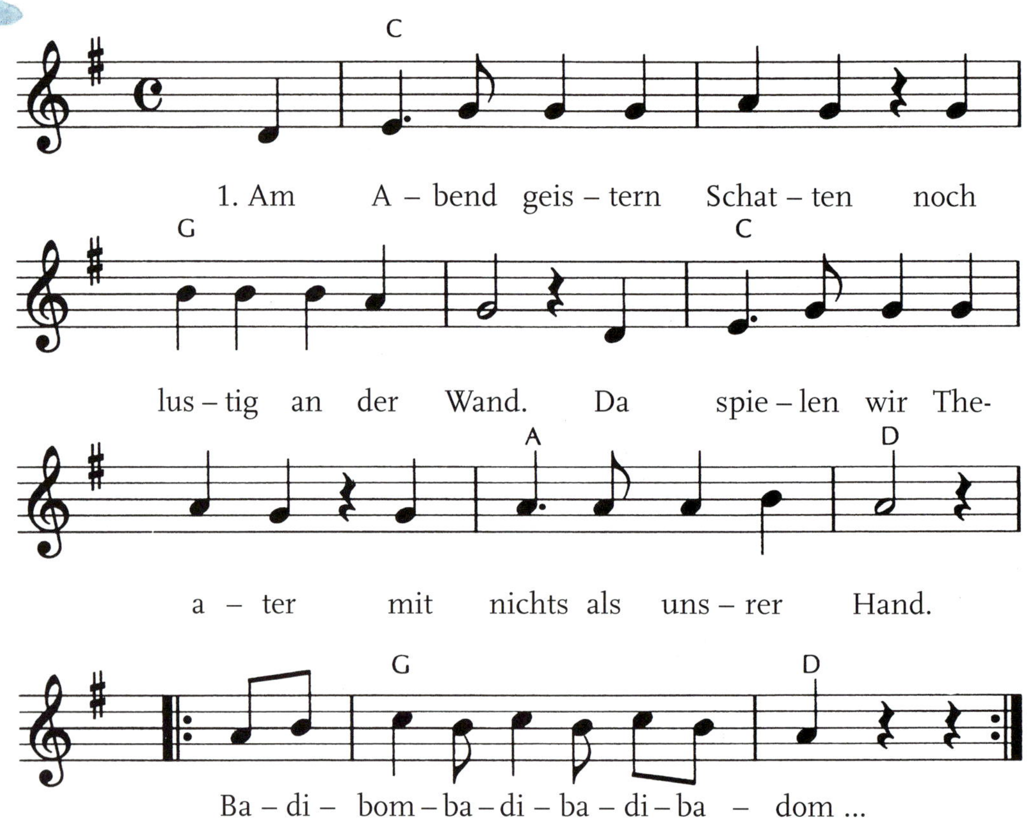

2. Wer zeigt sich überm Bette,
welch ein Untier groß und grau?
Das ist der Wolf, der böse,
den kennt man ganz genau!
Ba – di – bom ...

3. Was tut die brave Ente
in unserm Schattenspiel?
Mit ihrem Schnabel schnappt sie
keck nach dem Krokodil!
Ba – di – bom ...

4. Am Schluss gibt's was zu lachen!
Ein Has', der Männchen macht!
Er winkt mit seiner Pfote:
Für heute gute Nacht!
Ba – di – bom ...

Karlhans Frank

DRACHENSACHEN

Wenn aus roten Riesenrachen
Drachen Feuerchen entfachen,
wenn in goldnen, flachen Nachen
sie Prinzessinnen bewachen,
mit den Bäuchen überdachen,
wenn mit Krachen und mit Lachen
sie aus starken Rittern schwachen
Wackelpudding machen ...
sind das echte Drachensachen.

Martina Gürth

Die Drachengeschichte

Es war einmal ein kleiner Maulwurf, der lebte unter einem alten Eichenbaum. In der Tiefe, wo sich die dicken Baumwurzeln ausstreckten, arbeitete der Maulwurf fleißig. Mit seinen kräftigen Armen schaufelte er die Erde zur Seite. So grub er Höhlen und Gänge. Jeden Abend, wenn der Maulwurf genug geschafft hatte, baute er sich einen Gang nach oben zur Waldwiese. Dort traf er sich mit seinen Freunden, den anderen Maulwürfen. Überall auf der Waldwiese wuchsen dann kleine Maulwurfshügel aus der Wiese empor. Und aus jedem schaute neugierig ein Maulwurf heraus. Die Maulwürfe spielten zusammen oder erzählten sich lustige Geschichten. Es hätte so ein schönes Leben sein können. Aber da gab es jemanden, vor dem die Maulwürfe große Angst hatten.

Tief unten im Erdreich wohnte nämlich ein großer Drache. Die meiste Zeit schlief er friedlich in seiner Drachenhöhle. Aber in jeder Vollmondnacht, wenn der Mond rund und hell am Himmel stand, erwachte der Drache. Er räkelte sich und gähnte herzhaft. Das klang wie tausend Donner auf einmal. Dann rollte er den großen Felsbrocken, der ihm als Tür diente, zur Seite. Er stampfte schnaubend aus seiner Höhle heraus. Dabei stellte er sich so ungeschickt an, dass er überall anstieß und die Höhlenwände wackelten. Auf der Waldwiese begann der Drache schließlich zu tanzen. Er hopste dabei von einem Drachenbein aufs andere und brüllte: „Hohoho! Huhuhu! Hohoho!“ Das war so ein Lärm, dass selbst die Berge zu beben begannen. Der Drache fauchte, und Feuerflammen kamen aus seinem Maul. Er stampfte und sprang umher. Der Vollmond hatte ihn wild gemacht. Das Schlimmste aber kam noch: Der Drache machte sich nämlich einen Spaß daraus, auf den Maulwurfshügeln herumzuhüpfen. Er fand es lustig, mit seinen Füßen in der weichen Erde einzusinken. Er hopste von einem Maulwurfshügel zum nächsten, bis alle kaputt getrampelt waren. Dann bekam der Drache großen Hunger und fraß das ganze grüne Gras von der Wiese weg. Kurz vor Sonnenaufgang, wenn sich die Nacht dem Ende näherte, kroch der Drache erschöpft in seine Höhle zurück. Er rollte sich zusammen und schlief ein. Bis zur nächsten Vollmondnacht.

Die Maulwürfe fürchteten sich sehr vor diesen Nächten, in denen der Drache erwachte. Er trampelte nämlich immer so heftig auf der Erde herum, dass nicht nur die schönen Maulwurfshügel platt gedrückt wurden. Auch die Gänge und Höhlen der Maulwürfe, die sie so fleißig unter der Erde gebaut hatten, wurden zerstört.

„Wie glücklich könnten wir doch leben, wenn es diesen furchtbaren Drachen nicht geben würde“, sagten die Maulwürfe. Oft überlegten sie, wie sie den Drachen verjagen könnten.

Eines Tages, als der kleine Maulwurf gerade seine Höhle sauber machte, kam ihm eine gute Idee. „Ich weiß jetzt, wie wir den Drachen vertreiben können!“, rief er aufgeregt. Er beschloss, alle anderen Maulwürfe sofort zusammenzutrommeln, um ihnen von seiner Idee zu erzählen.

Er kroch nach oben zur Waldwiese und trommelte mit einem Stock auf den Boden. Das klang so: Tok bumm, tok bumm,

tok bumm! So rief er seine Freunde herbei. Kurze Zeit später war die ganze Waldwiese übersät mit Maulwurfshügeln. Aus jedem schaute neugierig ein Maulwurf hervor.

„Hört mal alle her!“, rief der kleine Maulwurf. „Ich habe eine Idee, wie wir den Drachen verjagen können. Mir ist aufgefallen, dass der Drache nie aus seiner Höhle herauskommt, wenn es draußen regnet. Deshalb denke ich mir, dass er große Angst vor dem Wasser hat. Wir werden also zum Bach laufen und von dort aus lange Gänge hinunter zur Drachenhöhle graben. Dann werden wir das Wasser aus dem Bach in die Gänge leiten. Das Wasser wird in die Höhle hineinfließen und den Drachen aufwecken. Wir werden ihn einfach pitsche-patsche-nass machen. Er wird solche Angst bekommen, dass er wegrennen wird. Dann haben wir ihn los!“

„Das ist eine tolle Idee“, riefen die anderen Maulwürfe. Und als es Abend wurde, hatten sie viele Gänge gegraben, die vom Bach zur Drachenhöhle hinunterführten. Dann kam der spannende Moment. Der kleine Maulwurf leitete das Wasser aus dem Bach in die Gänge hinein. Das Wasser floss glucksend und sprudelnd hinab, bis hin zur Höhle des Drachen. Als die ersten Wassertropfen auf seinen Kopf fielen, erwachte der Drache. Zuerst dachte er, dass die Fledermäuse, die bei ihm wohnten, die Übeltäter seien. „Hört auf, mir auf den Kopf zu spucken!“, schrie er wütend. Doch immer mehr Wassertropfen fielen prasselnd auf ihn herab. Der Drache schnaubte und stieß vor Aufregung mit seinem Kopf gegen die Höhlenwand. Die Erde bebte davon heftig.

„Wasser! Wasser! Immer mehr Wasser!“, brüllte er und zitterte vor Angst am ganzen Leib.

Er erhob sich ächzend, rollte den großen Türstein zur Seite und kroch so schnell er konnte ins Freie. Die Fledermäuse flogen hinterher. Und dann rannte der Drache los. Er lief und heulte und schimpfte. „Hohoho! Huhuhu! Hohoho!“ Feuer kam aus seinem Maul. So rannte er immer weiter. Über 7000 Berge stampfte er, bis er auf der anderen Seite der Erde ankam. Dort war ein schönes Land. An den Bäumen hingen bunte, süße Früchte, die dem Drachen gut schmeckten. Das Beste aber war, dass es noch mehr Drachen dort gab. So war der Drache nie mehr allein, und er fühlte sich sehr wohl.

Die Maulwürfe daheim auf der Waldwiese waren auch sehr froh. Endlich konnten sie in Ruhe leben. Sie feierten ein großes Fest.

„Der Drache ist weg! Der Drache ist weg!“, sangen sie und tanzten über die Waldwiese. Der kleine Maulwurf aber bekam einen goldenen Orden.

Kennst du die Traumtiere?

In Märchen und Fabeln begegnen dir manchmal ganz merkwürdige Tiere, die es in Wirklichkeit gar nicht gibt. Kennst du zum Beispiel Einhörner, Drachen, Riesenkraken oder Meeresungeheuer? In der Märchenwelt gibt es sogar Pferde mit Flügeln oder Wesen, die zur Hälfte Pferd und zur anderen Hälfte Mensch sind.

Auch im Traum tauchen solche ungewöhnlichen Tiere auf. Wahrscheinlich hast du vor dem Einschlafen eine Geschichte mit vielen Tieren gehört. Im Traum bastelt dann dein Kopf ganz neue Tiere zusammen. Wenn du Lust hast, kannst du ja mal eines deiner Traumtiere malen!

Lynn Munsinger

Kuschel, das Stachelschwein

Herr und Frau Stachelschwein waren glücklich über ihr erstes Kind. Nun brauchte es einen Namen.

Sollten sie ihn Stachel nennen? Nein. Stachel war viel zu gewöhnlich. Sollten sie ihn Stachelheinrich nennen? Nein. Stachelheinrich klang viel zu grimmig. Oder vielleicht Kratzhärchenbub? Nein. Das war zu lang. Spitzi? Prickel? Pieks? Dann hatten sie gleichzeitig dieselbe Idee. „Wir nennen ihn Kuschel. So ein hübscher Name. Kuschel!"

Aber bald schon begann Kuschel daran zu zweifeln, dass er kuschelig war. Das erste Mal wurde er misstrauisch, als die Tür einmal zu heftig aufging und er stecken blieb. Daran war nun gar nichts Kuscheliges.

Noch verdächtiger kam es ihm vor, als er einmal zufällig auf dem Rücken schlief und dabei Löcher in die Matratze bohrte. Unkuscheliger geht es kaum!

Als er einen Regenschirm benutzen wollte, wusste er die Wahrheit. Er war ganz sicher nicht kuschelig!

Aber er wollte kuschelig werden. „Die Wolken sind weich und kuschelig", dachte er. „Ich werde eine Wolke!" Aber er konnte sich nicht oben halten. „Jetzt weiß ich's. Kissen sind kuschelig!", sagte er. „Ich werde ein Kissen." Aber als sich seine Mutter aus Versehen auf ihn setzte, fand sie das gar nicht kuschelig.

Er weichte sich eine volle Stunde im Schaumbad ein, aber er wurde nicht kuschelig. – Nur völlig durchnässt.

Er versuchte es mit Schlagsahne. Sorgfältig schmierte er sich jeden einzelnen Stachel ein. Das war nicht einfach, und er brauchte mehr als einen halben Tag dafür.

Aber auch das machte Kuschel nicht kuschelig. „Sie hätten mich Schmierfink nennen sollen", seufzte er.

Er aß Unmengen weicher Marshmallows. Er bedeckte sich mit Rasierschaum und Federn. Er versuchte sogar, ein Kaninchen zu werden. Aber es blieb dabei: Kuschel war nicht kuschelig.

Eines schönen Nachmittags ging er spazieren, um über neue Methoden, kuschelig zu werden, nachzudenken. Da traf er ein dickes, großes Nashorn. „Grrr!", grollte das Nashorn. „Gleich wirst du dein blaues Wunder erleben." Kuschel wusste nicht, was ein blaues Wunder war, aber es klang unangenehm. „Wie heißt du, du kleines stacheliges Ding?", fragte das Nashorn unfreundlich. „Kuschel", sagte Kuschel.

Das Nashorn grinste. Es gluckste. Dann prustete es laut heraus. Es wälzte sich auf dem Boden. Es schlug sich auf die Knie und strampelte mit den Beinen. Es platzte fast vor Lachen. „Ein Stachelschwein, das Kuschel heißt!", kicherte das Nashorn.

Kuschel schämte sich sehr, aber er versuchte, höflich zu sein. „Und wie heißt du?", fragte er.

„W... W... Warte, ich kann's nicht sagen", gluckste das Nashorn. „Walter, vielleicht?", meinte Kuschel.

„W... W... Weißt du, ich kann's nicht sagen, ich muss so lachen", stotterte das Nashorn. „Werner? Oder vielleicht Willibald?", fragte Kuschel. „Nein", japste das Nashorn. „Ich heiße W... W... W... W... Winzi."

Winzi. Ein Nashorn mit dem Namen Winzi. Kuschel grinste. Er gluckste. Dann prustete er laut heraus. Er schlug sich auf die Knie. Er platzte fast vor Lachen. „Ein Nashorn, das Winzi heißt!", kicherte Kuschel.

Ein Stachelschwein, das Kuschel heißt, und ein Nashorn mit dem Namen Winzi. Das war mehr als sie aushalten konnten. Sie wälzten sich glucksend und kichernd auf dem Boden, bis ihnen vor Lachen die Tränen kamen. Endlich saßen sie erschöpft und zufrieden da. Seit dieser Zeit waren sie die besten Freunde.

Und Kuschel störte es kein bisschen mehr, dass er nicht kuschelig war.

Dorothée Kreusch-Jacob

Ich hab' ein Schmusekissen

1. Ich hab' ein Schmu–se –kis–sen, ein Kis – sen weich und schön.

Und oh – ne die–ses Kis – sen mag ich nicht schla–fen gehn.

Und oh – ne die – ses Kis – sen mag ich nicht schla–fen gehn.

2. Mein Schmusekissen duftet
nach vielem und – nach mir,
nach Blumen auf der Wiese,
im Ernst, das schwör ich dir.

3. Auf meinem bunten Kissen,
da gibt es viel zu sehn,
ich kann mit meinen Augen
darauf spazieren gehn.

4. Auf meinem Kissen flieg ich
bis übers weite Meer,
da, wo die Träume schlafen,
mein Kissen mag ich sehr.

5. Mein weiches Schmusekissen,
das halt ich fest im Arm,
so bin ich nicht alleine
und fühl mich müd und warm.

Ursula Wölfel

Die Geschichte vom Gähnen

Einmal hat ein Mädchen das Schwesterchen im Kinderwagen spazieren gefahren. Das Schwesterchen war müde, es hat gegähnt. Da musste das Mädchen auch gähnen. Die Frau vom Hutladen hat das gesehen, und gleich hat sie mitgegähnt, und die Leute an der Haltestelle und der Zeitungsmann und der Radfahrer, alle mussten auch gähnen.

Gerade ist die Straßenbahn gekommen, und der Schaffner hat die vielen offenen Münder gesehen. Da musste er gähnen und gähnen und konnte nicht weiterfahren. Der Mann im Lastwagen wollte wissen, warum die Straßenbahn so lange stehen geblieben ist. Er hat sich aus dem Fenster gebeugt, und sofort musste er gähnen. Das haben die anderen Autofahrer gesehen. Sie haben gleich die Autos angehalten und gegähnt. Der Polizist wollte auf seiner Pfeife trillern. Alle sollten endlich weiterfahren. Aber er konnte nicht in die Pfeife blasen, er musste auch gähnen.

Bald haben alle Leute und alle Hunde und Katzen in der Stadt gegähnt, auch der Schornsteinfeger auf dem Dach und sogar die Regenwürmer in der Erde. Da war es aber schon Abend, und alle sind früh schlafen gegangen.

H

Warum müssen wir gähnen?

Hast du schon mal Tiere dabei beobachtet wie sie herzhaft gähnen? Sie reißen ihr Maul weit auf und du kannst ihnen tief in den roten Rachen blicken. Das ist wirklich zum Fürchten! Tatsächlich gähnen Tiere nicht nur, wenn sie müde sind, sondern auch um anderen Tieren Angst einzujagen.

Bei uns Menschen ist das etwas anders. Wir gähnen nur, wenn wir müde sind oder uns besonders langweilig ist. Unser Körper gibt uns ein Signal, dass zu wenig Sauerstoff im Gehirn ist. Beim Gähnen öffnen wir den Mund ganz weit und atmen dabei tief ein. Gleich fühlen wir uns wieder wacher.

Gähnen ist überhaupt nicht schlimm. Und weißt du was: Es ist sogar ansteckend!

Text: Paul Gerhardt / Melodie: Johann Sebastian Bach

Nun ruhen alle Wälder

2. Der Tag ist nun vergangen,
die güldnen Sternlein prangen
am blauen Himmelssaal:
also werd ich auch stehen,
wenn mich wird heißen gehen
mein Gott aus diesem Erdental.

3. Auch euch, ihr meine Lieben,
soll heute nicht betrüben
kein Unheil noch Gefahr!
Gott lass euch ruhig schlafen,
stell euch die güldnen Waffen
ums Bett und seiner Engel Schar.

Christa Wißkirchen

Gute Nacht, du Zottelmaus

Gute Nacht, du Zottelmaus,
fall nicht aus dem Bett heraus!

Gute Nacht, du Kuschelschnecke
unter deiner Wuscheldecke!

Gute Nacht, du Kikeriki,
Augen zu bis morgen früh!

Gute Nacht, du Löffelhase
mit der frechen Knubbelnase!

Gute Nacht, du Schurke,
träum süß von saurer Gurke!

Gute Nacht, du Hosenknopf,
fall nicht in den Pipitopf!

Gute Nacht, du Wackelmops,
gute Nacht, du Zappelklops!

Gute Nacht, ich weiß nichts mehr,
gib mir mal die Pfote her!

Und jetzt kommt der Schluss,
da gibt's einen Kuss.

Gute Nacht, mein kleines Schaf,
jetzt schlaf!

Quellenverzeichnis

Wir danken den folgenden Autoren und Verlagen für die freundliche Abdruckgenehmigung:

Seite 6: Erwin Moser, „Der Traumvogel"; aus: Erwin Moser, Mondballon. © 1998 Beltz Verlag, Weinheim und Basel. Programm Beltz & Gelberg, Weinheim.

Seite 8: Eva Maria Kohl, „Warum die Nacht schwarz ist". © Middelhauve Verlags GmbH, München für Der Kinderbuchverlag Berlin.

Seite 12: James Thurber, „Ein Mond für Leonore". © Deutsche Übersetzung von Hildegard Krahé.

Seite 26: Christa Wißkirchen, „Wenn wir schlafen". © bei der Autorin.

Seite 28: Irina Korschunow, „Der Sandmannvater und sein Sohn". © bei der Autorin.

Seite 38: Max Velthuijs, „Frosch hat Angst". © 1994 Lentz Verlag in der F. A. Herbig Verlagsbuchhandlung GmbH, München.

Seite 42: Helga Schubert, „Das Märchen vom Huuhuu". © Middelhauve Verlags GmbH, München für Der Kinderbuchverlag Berlin.

Seite 46: Helge May, „Was man gegen Gespenster tun kann". © beim Autor.

Seite 48: Christa Wißkirchen, „Spuk in der U-Bahn". © bei der Autorin.

Seite 53: Gina Ruck-Pauquèt, „Hannibal will endlich schlafen". © bei der Autorin.

Seite 56: Tilde Michels, „Der geraubte Schlaf"; aus: Die schönsten Gute Nacht Geschichten. © Europa Verlag AG Zürich, 1951.

Seite 66: Helme Heine, „König Hupf der Erste". © 1993 Michael Neugebauer Verlag, Verlagsgruppe Nord-Süd Verlag AG, Gossau Zürich.

Seite 68: Nortrud Boge-Erli (Text), Dorothée Kreusch-Jacob (Melodie), „Tief in meinem Kuschelnest". © Text bei der Autorin. Melodie aus: Dorothée Kreusch-Jacob, Heut nacht steigt der Mond übers Dach, Ellermann Verlag.

Seite 73: Gina Ruck-Pauquèt, „Der kleine Nachtwächter und das Schlaflied". © bei der Autorin.

Seite 76: Rudolf Neumann, „Nesthupferl für einen kleinen Uhu“. © Rudolf Neumann/Sendrud Weiher.

Seite 79: Gina Ruck-Pauquèt, „Der kleine Zoowärter und die Fledermäuse“. © bei der Autorin.

Seite 82: Ursel Scheffler, „Fledermaus-Luftpost“. © bei der Autorin.

Seite 84: Nortrud Boge-Erli (Text), Dorothée Kreusch-Jacob (Melodie), „Ich will ein Vogel sein“. © Text: bei der Autorin. Melodie aus: Dorothée Kreusch-Jacob, Das Wolkenboot. © Patmos Verlag, Düsseldorf.

Seite 86: Gina Ruck-Pauquèt, „Der kleine Stationsvorsteher und der Flugzeugtraum“. © bei der Autorin.

Seite 91: Martina Gürth, „Die Traumgeschichte“; aus: Martina Gürth/Per-Henrik Gürth, Um acht wird´s Nacht. © KeRLE im Verlag Herder, Freiburg, Wien. 6. Auflage 2001.

Seite 94: Erwin Moser, „Sultan Mudschi“; aus: Erwin Moser, Sultan Mudschi. © 1989 Beltz Verlag, Weinheim und Basel. Programm Beltz & Gelberg, Weinheim.

Seite 96: Michael Ende, „Ein Zauberspruch gegen böse Träume“; aus: Michael Ende, DAS SCHNURPSENBUCH. © 1979 by K. Thienemanns Verlag, Stuttgart – Wien.

Seite 98: Josef Guggenmos (Text), Dorothée Kreusch-Jacob (Melodie), „Am Abend geistern Schatten“; Text aus: Josef Guggenmos, Ich will dir was verraten. © 1991 Beltz Verlag, Weinheim und Basel. Programm Beltz & Gelberg, Weinheim. Melodie aus: Dorothée Kreusch-Jacob, Finger spielen Hände tanzen. © 1997 Don Bosco Verlag, München ^{2}2000.

Seite 100: Karlhans Frank, „Drachensachen“. © 2001 by Ravensburger Buchverlag Otto Maier GmbH, Ravensburg.

Seite 101: Martina Gürth, „Drachengeschichte“; aus: Martina Gürth/Per-Henrik Gürth, Um acht wird's Nacht. © KeRLE im Verlag Herder, Freiburg, Wien 6. Auflage 2001.

Seite 107: Lynn Munsinger, „Kuschel, das Stachelschwein“. © 2000 Lentz Verlag in der F. A. Herbig Verlagsbuchhandlung GmbH, München.

Seite 110: Dorothée Kreusch-Jacob, „Ich hab ein Schmusekissen“; aus: Dorothée Kreusch-Jacob, Heut nacht steigt der Mond übers Dach, Ellermann Verlag.

Seite 112: Ursula Wölfel, „Die Geschichte vom Gähnen“; aus: Ursula Wölfel, ACHTUNDZWANZIG LACHGESCHICHTEN. © 1969 by K. Thienemanns Verlag, Stuttgart – Wien.

Seite 116: Christa Wißkirchen, „Gute Nacht, du Zottelmaus“. © bei der Autorin.

Originalausgabe als Anthologie

Die Schreibweise entspricht den Regeln der neuen Rechtschreibung.

Die Deutsche Bibliothek – CIP – Einheitsaufnahme:
Ein Titelsatz für diese Publikation ist bei der Deutschen Bibliothek erhältlich.

Umschlag und Innenillustrationen: Eva Möhle, Köln
Textauswahl und Redaktion: Cordula Gerndt und Daniela Groß
Sachtexte: Daniela Groß und Cordula Gerndt
Umschlag: Atelier Reichert, Stuttgart
Gesamtherstellung, Layout und Satz:
Buch & Konzept, Annegret Wehland, München
Reproduktion: Fotolito Longo, Bozen
Druck und Bindung: Těšinská Tiskárna, Ceský Těšin
Printed in Czech Republic

ISBN 3-440-09368-9